Hahn/Heller
Krankenhaus · Hôpital · Hospital
Fachwörterbuch · Dictionnaire · Dictionary

EUROPÄISCHE GEMEINSCHAFT
Europäischer Sozialfonds

Krankenhaus – Hôpital – Hospital

Fachwörterbuch – Dictionnaire – Dictionary
Deutsch – Französisch – Englisch
Français – Allemand
English – German

Zusammengestellt von

Dr. Franz Hahn
Eric Heller

2., überarbeitete und erweiterte Auflage

R.v. Decker's Verlag
Heidelberg

Die Deutsche Bibiothek – CIP Einheitsaufnahme

Ein Titeldatensatz für diese Publikation ist bei Der Deutschen Bibliothek erhältlich

ISBN 3-7685-2398-5

© 2000 R.v. Decker's Verlag, Hüthig GmbH, Heidelberg

Satz: Strassner ComputerSatz, Leimen
Druck: Himmer, Augsburg

Printed in Germany

Inhaltsübersicht

Préface

Parmi les objectifs que se sont fixés les hôpitaux de Sélestat et d'Offenburg dans le cadre de leur coopération transfrontalière, il y en a un qui consiste à mettre au point un lexique spécialisé basé sur l'expérience pratique. Les échanges qui ont eu lieu grâce à notre coopération commencée en 1996, ont aussi consisté a recenser les notions et expressions les plus fréquement utilisées. La quête de ce vocabulaire respecte, dans une certaine mesure, la structure des secteurs spécialisés de nos deux établissements. Cette collecte de mots s'est constituée, d'une part, au cours des stages et des manifestations communes qui ont eu lieu jusqu'à ce jour, d'autre part grâce à des questionnaires cibles auprès de nos collaborateurs. Notre but, en constituant ce lexique, n'est pas – loin de là – d'aborder complètement les différents domaines à l'intérieur des cliniques. Il s'agit plutôt de proposer un ouvrage de références court et facile à utiliser, issu de la pratique quotidienne et destiné à la pratique quotidienne.

L'organisation du présent ouvrage s'appuie sur la première édition parue en 1999 et qui se limitait à la terminologie français-allemand:

À chaque section correspond sont précédée d'un index général. Cet index est suivi d'un registre pour chaque secteur d'activité.

Une troisième partie montre des fiches d'informations telles qu'elles sont utilisées dans la pratique.

Cela devrait permettre à chaque collègue dans chacun des services de trouver une aide immédiate.

Que cet ouvrage soit un geste d'encouragement pour la compréhension mutuelle dans la spécificité et qu'il soutienne ainsi nos efforts de coopération à venir. Qu'il puisse aussi aider d'autres hommes et femmes. Concernés par la santé, dans leurs efforts à établir une compréhension et une collaboration au-delà des frontières.

Il est prévu d'élargir ce lexique en fonction des expériences pratiques futures.

Dr. rer. pol. F. Hahn

Vorwort

Eine der Zielsetzungen unserer grenzüberschreitenden Krankenhauskooperation Sélestat–Offenburg besteht auch darin, aufgrund der Erfahrungen in der Praxis ein fachorientiertes Wörterbuch zu erarbeiten. Startete unsere Kooperation im Jahr 1996, so war der bisherige Austausch u.a. auch dafür bestimmt, die häufigsten Begriffe und Wortwendungen zu erfassen. Die Sammlung dieses Wortschatzes trägt insoweit auch der Fachabteilungsstruktur der beiden Einrichtungen Rechnung. Die Wortsammlung erfolgte einerseits im Rahmen der bisher durchgeführten Hospitationen und gemeinsamen Veranstaltungen, andererseits durch gezielte Befragungen unserer Mitarbeiterinnen und Mitarbeiter. Mit der Wort- und Sprachgebrauchssammlung wird keinesfalls die Zielsetzung verfolgt, auch nur annähernd einzelne Bereiche innerhalb der Kliniken vollständig zu erfassen. Vielmehr soll ein praktikables Kurznachschlagewerk aus der Praxis und für die Praxis vorgelegt werden.

Der Grundaufbau des nunmehr vorliegenden Werkes erfolgt in Anlehnung an die im Jahr 1999 erschienene Erstausgabe, die sich auf die französisch-deutsche Terminologie begrenzte:

Jedem der Abschnitte ist ein systematisches Gesamtverzeichnis vorangestellt. Diesem schließen sich die Verzeichnisse für die jeweiligen Funktionsbereiche an.

In einem dritten Abschnitt werden Dokumentationsbögen u.ä. vorgestellt, die in der Praxis Verwendung finden.

Damit wird der jeweiligen Mitarbeiterin/dem jeweiligen Mitarbeiter eine unmittelbare Orientierung für ihr/sein Tätigkeitsgebiet eröffnet.

Das Werk möge eine Handreichung zur Förderung der fachspezifischen Verständigungsmöglichkeit darstellen und auf dieser Basis unsere weiteren Kooperationsbemühungen unterstützen. Auch möge es dritten Interessierten im Bereich des Gesundheitswesens zu einer Grundlage verhelfen im Bemühen um grenzüberschreitende Verständigung und Zusammenarbeit.

Eine Fortschreibung dieses Wörterbuches ist aufgrund der weiteren Erfahrungen in der Praxis vorgesehen.

Eric Heller

Preface

One of the aims of the cross border cooperation between Selestat and Offenburg was to put together a specialized dictionary, which should be based on practical experience in both hospitals. From the beginning of our cooperation in 1996, we have been compiling the most commonly used words and expressions. This compilation reflects, to a certain extent the structure of the specializations of both hospitals. These words and expressions have been choosen partly as a result of a series of lectures, internships and joint ventures, and partly through intensive questioning of our medical staff. It has never been our aim to compile a complete medical dictionary of individual branches of medicine. Instead it should be seen as an abridged reference work list for every day working situations based on practical experience.

The layout of the book is as follows:

Both the German/English section an the English/German section are arranged alphabethically. In addition there is a register for each specialization.

The third section includes standard forms and questionnaires.

We hope with this layout to facilitate easy access for the needs of each staff member.

With this compilation we hope to provide a practical communication tool, which can be used to further the cooperation between our hospitals. It may also be seen as of interest to other parties, within the health service, who are also interested in cross border cooperation.

We anticipate extending this dictionary as required.

Dr. rer. pol. F. Hahn

Deutsch · Französisch · Englisch

Was essen Sie zum **Abendessen**?	Que mangez-vous au diner?	What do you have for your dinner?
Haben Sie den ganzen **Abführtee** getrunken?	Avez-vous bu toute la tisane laxative?	Have you drunk all of the laxative tea?
Haben Sie **abgeführt**?	Avez-vous vidé votre intestin?	Have you been to the toilet?
Hier ist die **Ablage** für Waschutensilien.	Là vous avez une étagère pour vos affaires de toilette.	Here is space for your washing things.
Ihre Sachen können Sie dort **ablegen**.	Vous pouvez déposer vos vêtements là-bas.	You can leave your personal things over there.
drohender **Abort**	risque d'avortement	threatened abortion
absaugen	aspirer	suction
Achselhöhle	creux (m) axillaire	armpit
Adipositas	adiposité	obesity
Adnexe	annexes (f, pl)	adnexa
Adresse	adresse	address
Das 2. Thermometer führen Sie bitte mit der Folie in den **After** ein.	Le second thermomètre, vous l'introduisez avec la feuille en plastique dans l'anus.	Could you please insert the second thermometer with the plastic foil into your anus (bum)?
Alkohol	alcool (m)	alcohol
Besteht bei Ihnen eine **Allergie**?	Êtes-vous allergique?	Do you have any allergies?
Haben Sie **Allergien** gegen Medikamente/ Nahrungsmittel?	Êtes-vous allergique à des médicaments/des aliments?	Are you allergic to any medicines or foodstuffs?
ambulant	ambulant	outpatients

Angehörige	parents/membres de la famille	relatives
Haben Sie **Angehörige**?	Avez-vous de la famille?	Do you have any family?
Antithrombosestrümpfe	bas (m, pl) antithrombose	anti-thrombosis stockings
Anusbeutel leeren	Vider la poche d'anus-contre	to empty the anus bag
Sie können sich wieder **anziehen**.	Vous pouvez vous rhabiller.	You can get dressed now.
frische Strümpfe **anziehen**	enfiler des bas propres	to put on clean stockings
Was ist mit dem **Appetit**?	Comment va l'appétit?	How is your appetite?
Was **arbeiten** Sie?	Qu'elle est votre activité professionelle?	What do you do?
Bitte legen Sie das Thermometer unter den **Arm**.	Mettez le thermomètre sous le bras s'il vous plaît.	Please put the thermometer under your arm.
Geben Sie mir bitte den rechten/linken **Arm**.	Donnez-moi votre bras droit/gauche.	Please give me your right/left arm.
Können Sie bitte Ihren **Arm** frei machen?	Pouvez-vous dégager votre bras?	Please pull up your sleeve.
Die **Arme** ausstrecken bitte.	Tendez les bras s'il vous plaît.	Please hold out your arms.
Dies ist Dr. …, unser **Arzt**.	Voici le docteur ….	This is Dr …, our doctor.
Der **Arzt** kommt gleich.	Le médecin arrive tout de suite.	The doctor will be here in a moment.

Der **Arzt** spricht noch mit Ihnen.	Le médecin va venir vous parler.	The doctor would like a word with you.
Bitte bleiben Sie noch hier; der **Arzt** möchte mit Ihnen sprechen.	Attendez un instant; le médecin veut vous parler.	Please wait here, the doctor would like a word with you.
Bitte ruhig durch die Nase **atmen** und den Speichel laufen lassen.	Respirez calment par le nez et laissez couler la salive.	Please breathe through your nose and let your saliva dribble.
Haben Sie den **Aufklärungsbogen** durchgelesen und unterschrieben?	Avez-vous lu et signé la fiche d'information?	Have you read and signed the information leaflet?
Alle Fragen des **Aufnahmebogens**.	Toutes les questions du formulaire d'admission.	All of the questions on the information leaflet.
Ich muß die Haut etwas **aufrauhen**, damit guter Kontakt entsteht.	Je dois rendre votre peau un peu rugueuse pour qu'un bon contact s'établisse.	I'm afraid I have to rub your skin briskly to get good contact.
Sie dürfen wieder **aufstehen** und sich anziehen und draußen warten.	Vous pouvez vous lever, vous rhabiller puis attendre dehors.	You can get up now, dress yourself and wait outside.
Sie sind im **Aufwachraum**.	Vous êtes dans la salle de réveil.	You are in the recovery room.
Augen	yeux (m, pl)	eyes
Bitte öffnen Sie die **Augen**.	Ouvrez les yeux s'il vous plaît.	Could you please open your eyes?
Die Arme **ausstrecken** bitte.	Tendez les bras s'il vous plaît.	Could you stretch out your arms please?
Haben Sie **Auswurf**?	Avez-vous des expectorations? (… des crachats?)	Do you have phlegm?

Ist es noch **auszuhalten**?	Est-ce encore supportable?	Can you bear it?
Messen Sie bitte rektal/**axillar**.	Prenez la température rectale/axillaire.	Take your rectal/axillary temperature.
Bademantel	peignoir	dressing gown
Machen Sie bitte den **Bauch** frei.	Dégagez votre ventre s'il vous plaît.	Can I see you stomach, please?
BE = Broteinheit	Unité de raleur (diabète)	carbohydrate exchange
12 Kohlenhydrate sind 1 **BE**	12 unités d'hydrate de carbone sont 1 unité de raleur (diabète)	12 carbohydrates are 1 carbohydrate exchange
Trinken Sie bitte den **Becher** leer.	Videz le gobelet s'il vous plaît.	Could you please finish the drink?
Ihr Hausarzt bekommt den **Befund** zugeschickt.	Nous enverrons les résultats à votre médecin traitant.	The diagnoses will be sent to your GP.
Müssen Sie die **Befunde** mitnehmen?	Devez-vous emmener les résultats?	Do you have to take the results/diagnosis with you?
Begrüßung	salutations	greetings
Das **Bein** hoch heben bitte.	Levez la jambe s'il vous plaît.	Could you lift your leg, please?
Zeigen Sie mir bitte das rechte/linke **Bein**.	Montrez-moi votre jambe droite/gauche.	Could you please show me your right/left leg?
Beine	jambes (f, pl)	legs
Beruf	profession	occupation
Was für einen **Beruf** haben Sie?	Quelle est votre profession?	What is your occupation?
Sind Sie **berufstätig**?	Est-ce que vous travaillez?	Do you have a job?

Sie bekommen das verordnete **Beruhigungsmittel**.	Voici votre calmant.	You will get the prescribed sedative.
Vor der Untersuchung bekommen Sie eine **Beruhigungsspritze**.	Avant l'examen on va vous injecter un calmant.	You will get a sedative before the examination.
Was haben Sie für **Beschwerden**?	Qu'est-ce qui ne va pas?	What sort of complaints do you have?
Besprechung	entretien (m)	appointment
Besuch	visite (f)	visit
mit **Besuch** sprechen	parler avec la visite	to talk to visitors
Hier ist Ihr **Bett**.	Voici votre lit.	This is your bed.
Wir begleiten Sie in Ihr **Bett**.	Nous vous ramenons dans votre lit.	We will show you to your bed.
Stehen Sie bitte auf, ich möchte das **Bett** machen.	Levez-vous s'il vous plaît, je voudrais faire le lit.	Could you get up, please? I have to make the bed.
Sie müssen im **Bett** bleiben.	Vous devez rester au lit.	You have to stay in bed.
strenge **Bettruhe**	repos au lit	You have to remain in bed.
Bettschieber	bassin	bedpan
Vor der Entlassung bitte den Eigenanteil und das Telefon **bezahlen**.	Avant votre sortie veuillez régler les frais à votre charge et le téléphone.	Before leaving the hospital, don't forget to pay the telephone bill and your own part of the hospital bill.
Blasenkatheter	sonde (f) urinaire	bladder catheter
Blasentraining	contractions/ gymnastique (f) de la vessie	bladder training

Wir müßten Ihnen jetzt **Blut** abnehmen.	Nous devons vous faire une prise de sang.	We have to take some blood.
Wir nehmen Ihnen am Finger **Blut** ab.	Nous allons vous prélever du sang au bout du doigt.	We will take some blood from your finger.
Geben Sie mir bitte Ihre Hand, ich muß Ihnen am Finger **Blut** abnehmen.	Donnez votre main s'il vous plaît, je dois vous prendre du sang au bout du doigt.	Can I have your finger, please? I have to take some blood.
Bitte trinken Sie diese Zuckerlösung und kommen Sie dann in ein bzw. zwei Stunden wieder zum **Blutabnehmen** zurück. Bitte in dieser Zeit nichts essen.	Voilà une solution sucrée que vous allez boire maintenant puis vous reviendrez ici dans 1 ou 2 heures pour une prise de sang. Ne mangez rien pendant ce laps de temps.	Can you please drink this sugar solution now? You should then return here to have your blood taken again in one to two hours. Please don't eat anything in the meantime.
Blutdruck	tension (f)	blood pressure
Ich möchte bei Ihnen den **Blutdruck** messen.	Je vais prendre votre tension.	I would like to take your blood pressure.
Ich messe Ihnen den **Blutdruck**.	Je vais prendre votre tension.	I will take your blood pressure now.
Blutentnahme	prise (f) de sang	to take blood
Wir machen Ihnen gleich noch ein Pflaster auf die **Blut-entnahmestelle**.	Nous allons vous mettre un pansement à l'endroit de la prise de sang.	We will put a plaster on the spot shortly.
Haben Sie vaginale **Blutung**? (Periodenstark oder weniger?)	Avez-vous des saignements? (Aussi intenses que pendant les règles ou moins intenses?)	Do you have bleeding from the vagina? (Similar to a period or less?)

Blutzucker	glycémie (f)	blood sugar
Seit wann haben Sie **Blutzucker?**	Depuis quand avez-vous une glycémie?	Since when have you had blood sugar?
Wie hoch ist Ihr **Blutzucker?**	Quel est votre taux de glycémie?	How high is your sugar level?
Blutzuckermeßgerät	appareil à glycémie	blood sugar measuring apparatus
Blutzucker-selbstkontrolle	auto-contrôle de la glycémie	self-monitoring of blood sugar
Machen Sie **Blutzucker-selbstkontrolle?**	Contrôlez-vous votre glycémie vous-même?	Do you measure your blood sugar yourself?
Wann machen Sie **Blutzucker-selbstkontrolle?**	Quand contrôlez-vous votre glycémie?	When do you measure your blood sugar?
Blutzuckerwert	taux (m) de glycémie	blood sugar value
Braunüle	catheter court	drip attachment
Brille	lunettes (f, pl)	glasses
Tragen Sie eine **Brille?**	Avez-vous des lunettes?	Do you wear glasses?
Cervix CA	cancer du col de l'uterus	cervix carcinoma
Chemotherapie	chimiothérapie (f)	chemotheraphy
Corpus CA	cancer de l'uterus	corpus carcinoma
Damenbinden	serviettes (f, pl) hygiéniques	sanitary towels
Darm spülen	lavement intestinal	to empty the bowel/ intestines

Alphabetisches Verzeichnis

Darmrohre legen	poser une canule/sonde intestinale	to insert intestine tubes
Diabetes mellitus	diabète (m) sucré	diabetes mellitus
Haben Sie schon eine **Diabetesschulung** mitgemacht?	Avez-vous déjà suivi un cours d'information sur le diabète?	Have you attended a diabetic course?
Sind Sie **Diabetiker/ -in?**	Êtes-vous diabétique?	Are you a diabetic?
insulinabhängig = Typ I **Diabetiker**	insulino-dependant = DID	insulin dependent = type 1 diabetic
nicht insulinabhängig = Typ II **Diabetiker**	non insulino-dependant = DNID	not insulin dependent = type 2 diabetic
diabetische Folgeschäden	séquelles (f, pl) du diabète	consequences of diabetes
diabetisches Koma	coma (m) diabétique	diabetic coma
Müssen Sie eine bestimmte **Diät** einhalten?	Devez-vous suivre un régime particulier?	Do you have to follow a specific diet?
Drehen Sie sich bitte auf die Seite und machen einen runden Rücken, die Beine an den Bauch ziehen, das Kinn an die Brust.	Tournez-vous sur le côté et faites le dos rond, remontez les jambes vers le ventre, baissez le menton sur la poitrine.	Could you please roll onto your side, pull your knees up, hug them and lean your chin onto your chest?
Drehen Sie sich bitte auf die Seite.	Tournez-vous sur le côté.	Could you turn onto your side, please?
Bitte **drehen** Sie sich auf den Rücken.	Tournez-vous sur le dos s'il vous plaît.	Could you roll onto your back, please?
Drehen Sie bitte Ihren Kopf etwas zur Seite.	Tournez la tête légèrement de côté.	Please turn your head a little to the side.
Drehen Sie sich auf die linke Seite.	Tournez-vous sur le côté gauche.	Please turn onto your left side.

Drehen Sie sich nach rechts und nehmen die Arme nach oben auf den Kopf.	Tournez-vous vers la droite et posez les mains sur la tête.	Please turn to the right and put your hands above your head.
Drücken Sie bitte hier drauf.	Appuyez là-dessus.	Please press here.
Bitte tief **durchatmen**.	Respirez profondément.	Could you please breathe deeply?
Versuchen Sie, entspannt zu bleiben und ruhig **durchzuatmen**.	Essayez de rester décontracté et de respirer calmement.	Try to relax and to breathe calmly.
Haben Sie **Durst**?	Avez-vous soif?	Are you thirsty?
Durst – was möchten Sie trinken?	Soif – que voulez-vous boire?	Thirsty – What would you like to drink?
Vor der Entlassung bitte den **Eigenanteil** und das Telefon bezahlen.	Avant votre sortie veuillez régler les frais à votre charge et le téléphone.	Please remember to pay your contribution to the hospital bill and the telephone bill before you leave.
Einatmen, nicht atmen, weiteratmen.	Inspirez, ne respirez plus, expirez.	Breathe in, hold your breath, breathe out.
Beim **Einführen** des Gerätes: Bitte schlucken Sie.	à introduction de l'appareil: Trière d'avaler.	When we insert this apparatus, please try to swallow.
Einlauf	lavement (m)	enema
Bitte legen Sie sich auf die linke Seite, Sie bekommen jetzt einen **Einlauf**.	Allongez-vous sur le côté gauche, on va faire un lavement.	Please lie on your left side. We will give you an enema.
Bitte den **Einlauf** ca. fünf Minuten anhalten und dann auf das WC gehen.	Retenez le lavement pendant 5 minutes puis allez aux W.C.	Try to hold the enema for about five minutes before going to the toilet.

Eiweiß	protéine (f)	protein
EKG	électrocardiogramme (m) = ECG	ECG
Ein **EKG** wird geschrieben.	On va faire un électrocardiogramme.	An ECG is being written.
Langzeit-**EKG**	électrocardiogramme longue durée	long term ECG
Entbindungstermin	date de l'accouchement	delivery date
Vor der **Entlassung** bitte den Eigenanteil und das Telefon bezahlen.	Avant votre sortie veuillez régler les frais à votre charge et le téléphone.	Please remember to pay your part of the hospital bill and the telephone bill before you leave.
Bitte **entspannen** Sie sich.	Détendez-vous.	Please try to relax.
ERCP	CPRE	ERCP
Ernährung	alimentation (f)	food/diet
Können Sie alles **essen**?	Pouvez-vous manger de tout?	Can you eat everything?
Was möchten Sie **essen**?	Que désirez-vous manger?	What would you like to eat?
Bitte mit dem **Essen** und Trinken eine Stunde warten.	Attendez une heure avant de manger et de boire.	Please wait an hour before you eat or drink anything.
Facharzt	spécialiste	specialist
Ich **fahre** Sie mit dem Bett.	Je vais vous transporter avec votre lit.	I will take you with the bed.
Machen Sie bitte eine **Faust**.	Faites le poing.	Please clench your fist.
Hatten Sie schon eine **Fehlgeburt**?	Avez-vous déjà fait une fausse-couche?	Have you ever had a miscarriage?

Möchten Sie Telefon/ **Fernseher**?	Désirez-vous le téléphone/la télévision?	Would you like a telephone/television?
Sie sind **fertig** und dürfen gehen.	Vous avez fini, vous pouvez partir.	You are finished now and free to leave.
Könnten Sie bitte diesen Tupfer **festhalten**?	Pourriez-vous appuyer sur ce petit tampon?	Could you please hold the swab tightly?
Fett	lipides (m, pl)	fat
Fieber	fièvre (f)	temperature
Jetzt gibt es einen kleinen Stich ins Ohr/ am **Finger**.	Vous allez sentir une légère piqûre à l'oreille/au doigt.	Now you will get a small prick in your ear/finger.
Sollten Sie eine Pfanne (**Flasche**) benötigen, sagen Sie es mir bitte.	Si vous avez besoin d'un bassin (urinal) dites-le moi.	Let me know if you need a bed pan.
Folgeschäden	séquelles (f, pl)	consequential damages
Bitte machen Sie sich unten herum **frei**.	Déshabillez-vous (seulement le bas).	Could you please strip from the waist down?
Was essen Sie zum **Frühstück**?	Que mangez-vous au petit-déjeuner?	What do you have for breakfast?
Fußbad	bain de pieds	footbath
Füße	pieds (m, pl)	feet
Fußpflege	pédicure (f)	care of the feet
Gastroskopie	gastroscopie	gastroscopy
Gebärmutter	utérus (m)	womb
Geben Sie mir bitte den rechten/linken Arm.	Donnez-moi votre bras droit/gauche.	Could you give me your right/left arm, please?
Haben Sie ein **Gebiß**?	Avez-vous un dentier?	Do you wear dentures?

Geburtsdatum	date de naissance	date of birth
Geburtsort	lieu de naissance	place of birth
Sie können jetzt nach Hause gehen.	Vous pouvez rentrer chez vous.	You are now free to go home.
Es ist alles in Ordnung. Sie dürfen gehen.	Tout est bien. Vous pouvez partir.	Everything is all right. You can go home now.
Was gehört Ihnen?	Qu'est-ce que vous appartient?	What belongs to you?
Haben Sie einen Gehstock?	Avez-vous une canne? .	Do you have a walking stick?
Wie geht es Ihnen?	Comment ça va?	How are you?
Geistlicher	prêtre (m)	clergyman
Genitalabspülung im Bett	laver les parties génitales dans le lit	rinse genitals in bed
Haben Sie Gepäck?	Avez-vous des bagages?	Do you have any luggage?
Das Gerät muß 24 Stunden dran bleiben.	L'appareil doit rester 24 heures en place.	The machine has to remain on 24 hours a day.
Haben Sie gut geschlafen?	Avez-vous bien dormi?	How did you sleep?
Wie sind Ihre Gewohnheiten zu Hause?	Quelles sont vos habitudes à la maison?	What is your daily routine?
Gehen Sie bitte mit zur Größe messen.	Nous allons vous mesurer.	Please follow me to be measured.
Ich bringe Ihnen was zum Gurgeln.	Je vous apporte de quoi vous gargariser.	I will bring you something to gurgle.

Guten Tag, ich bin Schwester	Bonjour, je m'appelle ... (oder für die Ordens-schwestern: soeur ...)	Good morning/afternoon. I am nurse ....
Guten Tag, ich bin Sr. ... und möchte Sie gern auf Station abholen. Rollstuhl?	Bonjour! Je suis soeur .... Je vais vous conduire dans le service. Fauteuil roulant?	Good morning/afternoon. I am nurse ... and would like to bring you to the ward. Would you like a wheelchair?
Guten Tag. Waren Sie schon einmal bei uns zum Röntgen?	Bonjour! Avez-vous déjà passé en radio chez nous?	Good morning/afternoon. Have you already been X-rayed here?
Gyn-Sono	échographie (f) gynécologique	gynecological ultra-sound examination
Haare waschen	laver les cheveux	to wash one's hair
Haarperücke	perruque (f)	wig
Haben Sie **Halsschmerzen**?	Avez-vous mal à la gorge?	Do you have a sore throat?
Handtuch	serviette (f)	towel
Harnblase	vessie	urinary bladder
Hausarzt	médecin habituel/médecin de famille	GP (General Physician)
nach **Hause**	à la maison	to go home
Heben Sie bitte den linken Arm.	Levez le bras gauche s'il vous plaît.	Please lift your left arm.
Das Bein hoch **heben**, bitte.	Levez la jambe s'il vous plaît.	Could your please lift your leg?
Wie **heißen** Sie?	Comment vous-appelez-vous?	What is your name, please?

Kann ich Ihnen **helfen**?	Puis-je vous aider?	Can I help you?
OP-**Hemd**	chemise (f) pour opération	hospital robe
Brauchen Sie **Hilfe** beim Waschen?	Vous faut-il de l'aide pour la toilette?	Do you need help with the washing?
Benötigen Sie meine **Hilfe**?	Avez-vous besoin d'aide?	Do you need my help?
Haben Sie ein **Hörgerät**?	Avez-vous un appareil auditif?	Do you have a hearing aid?
Haben Sie **Hunger**?	Avez-vous faim?	Are you hungry?
Haben Sie **Husten**?	Est-ce que vous toussez?	Do you have a cough?
Hyperglykämie	hyperglycémie (f)	hyperglycaemia
Hypoglykämie	hypoglycémie (f)	hypoglycaemia
Infusion	perfusion (f)	infusion
Infusomat	infusomat ou pompe à perfusion	infuser
Inhalierer	inhalateur (m)	inhaler apparatus
Insulin	insuline (f)	insulin
Spritzen Sie **Insulin**?	Faites-vous des piqûres d'insuline?	Do you take insulin?
Wieviel Einheiten **Insulin** spritzen Sie?	Combien d'unités d'insuline injectez-vous?	How much insulin do you take?
Insulinspritzen	injection d'insuline	insulin injection
Intimpflege	soins intimes/toilette intime	personal hygiene
Gehen Sie in **Kabine** Nr. 1.	Entrez dans la cabine numéro 1.	Please go to cubicle number 1.

Kartoffeln	pommes de terre (f, pl)	potatoes
Der Arzt wird Ihnen jetzt einen **Katheter** legen.	Le médecin va vous poser un cathéter.	The doctor will attach a catheter.
Kcal	Kcal	Cal
Wieviel **Kinder** haben Sie?	Combien d'enfants avez-vous?	How many children do you have?
Kiosk	Kiosque (m)	a small shop
KJ	Joule	kJ
Bitte **knien** Sie auf den Untersuchungs-stuhl, beugen Sie sich nach vorne. Vorsicht, wir kippen den Stuhl nach unten.	Mettez-vous à genoux sur le fauteuil d'exa-men, penchez-vous en avant. Attention, nous allons basculer le siege vers le bas.	Please kneel on the examination stool. Then bend forward. Be careful we are going to tilt the stool.
Kohlenhydrate	glucides (m, pl) oder hydrates de carbone	carbohydrates
12 **Kohlenhydrate** sind 1 BE	12 unités d'hydrate de carbone sont 1 unité de raleur (diabète)	12 carbohydrates are 1 carbohydrate exchange
Kommunion-Tag	jour de communion	communion day
Kontaktlinsen	lentilles (f, pl) de contact	contact lenses
Das ist ein **Kopfhörer**. Nachrichten, Musik und Heilige Messe werden übertragen.	Voilà des écouteurs. Les infos, de la musique et la messe sont retransmis.	These are headphones. You can listen to news, music and religious services.
Haben Sie **Kopfschmerzen**?	Avez-vous des maux de tête?	Do you have a headache?
Krankengymnastik	gymnastique (f) médicale	physiotheraphy

Waren Sie schon einmal im **Krankenhaus**?	Avez-vous déjà fait un séjour à l'hôpital?	Have you been in hospital before?
Krankenkasse	caisse maladie	public health insurance
Krankenpflegeschüler	élève infirmier	nurse's aid trainee
Krankensalbung	extrême-onction (f)	last rites
Küche	cuisine (f)	kitchen
Haben Sie Ihre **KV**-Karte dabei?	Avez-vous votre carte d'assurance maladie sur vous?	Do you have your health insurance card with you?
Labor	laboratoire (m)	laboratory
Möchten Sie ein **Lagerungskissen**?	Souhaitez vous un coussin de latéralisation?	Would you like a pillow?
Langzeit-EKG	électrocardiogramme longue durée	long term ECG
Bitte **legen** Sie sich hin.	Allongez-vous s'il vous plaît.	Please lie down.
Bitte **legen** Sie sich auf die linke Seite.	Allongez-vous sur le côté gauche.	Please lie on your left side.
Legen Sie sich mit dem Rücken auf den Tisch.	Allongez-vous sur cette table sur le dos s'il vous plaît.	Please lie on your back.
Bleiben Sie ganz ruhig **liegen**, bewegen Sie sich nicht mehr und nehmen die Arme nach oben unter den Kopf.	Restez allongé sans bouger après avoir mis les bras sous la tête.	Please lie as calmly as possible. Do not move. Put your arms above your head.
Möchten Sie höher oder tiefer **liegen**?	Voulez-vous la tête plus haute ou plus basse?	Would you like to lie higher or lower?

Bitte bleiben Sie **liegen**. Sie sollten nicht mehr aufstehen.	Restez couché s'il vous plaît. Vous ne devriez plus vous lever.	Please remain lying. You should not stand up again.
Bekommen Sie gut **Luft**?	Est-ce que vous respirez bien?	Can you breathe easily?
Bekommen Sie schlecht **Luft**?	Vous avez du mal à respirer?	Are you having problems breathing?
Versuchen Sie bitte, die **Luft** während der Untersuchung zu halten.	Essayez de retenir votre souffle pendant l'examen.	Please try to hold your breath during the examination.
Lymphknoten	ganglion (m) lymphatique	lymph node
Mammatumor	tumeur (f) de sein (m)	breast tumour
Welche **Medikamente** nehmen Sie ein?	Quels médicaments prenez-vous?	What medicines are you taking?
Haben Sie Allergien gegen **Medikamente/** Nahrungsmittel?	Êtes-vous allergique à des médicaments/des aliments?	Are you allergic to any medicines or foodstuffs?
Nehmen Sie regelmäßig **Medikamente** ein?	Prenez-vous régulièrement des médicaments?	Do you take any medicines regularly?
Das ist ein Kopfhörer. Nachrichten, Musik und Heilige **Messe** werden übertragen.	Voilà des écouteurs. Les infos, de la musique et la messe sont retransmis.	These are headphones. You can listen to news, music and religious services.
Messen Sie bitte rektal/axillar.	Prenez la température rectale/axillaire.	Please take your temperature rectal/ axillary
Milchprodukte	produits (m, pl) lactés	dairy products
Mitpatient	personne accompagnante	other patients

Wie sieht Ihr **Mittagessen** aus?	De quoi se compose votre déjeuner?	What do you have for lunch?
Erklärung des **Mittelstrahlurins**	explication de l'urine du milieu du jet	description of the midstream urine
Monitor	écran	monitor
Sind Sie **müde**?	Êtes-vous fatigué?	Are you tired?
Mund aufmachen, bitte.	Ouvrez la bouche s'il vous plaît.	Could you open your mouth, please?
Bitte den **Mund** weit aufmachen und auf das Mundstück beißen.	Ouvrir largement la bouche et mordre l'embout.	Please open your mouth as wide as possible and chew on the mouth piece
Das ist ein Kopfhörer. Nachrichten, **Musik** und Heilige Messe werden übertragen.	Voilà des écouteurs. Les infos, de la musique et la messe sont retransmis.	These are headphones. You can listen to news, music and religious services.
Das ist ein Kopfhörer. **Nachrichten**, Musik und Heilige Messe werden übertragen.	Voilà des écouteurs. Les infos, de la musique et la messe sont retransmis.	These are headphones. You can listen to news, music and religious services.
Nachthemd	chemise (f) de nuit	night shirt
Nachtstuhl	chaise percée (f)	toilet chair
Brauchen Sie einen **Nachtstuhl**/eine Urinflasche?	Est-ce que vous voulez une chaise percée/un urinal?	Do you need a toilet chair/urine container?
Hier ist Ihr **Nachttisch**.	Voici votre table de nuit.	Here ist your bedside table.
Nagellack	vernis (m) à ongles	nail polish
Wann war die letzte **Nahrungsaufnahme**?	Quand avez-vous mangé pour la dernière fois?	When did you last eat?

Haben Sie Allergien gegen Medikamente/ **Nahrungsmittel**?	Êtes-vous allergique à des médicaments/des aliments?	Are you allergic to any medicines or foodstuffs?
Name	nom	name
Wie ist Ihr **Name**?	Quel est votre nom?	What is your name, please?
Narkoseinformation	informations concernant l'anesthésie	information about the anaesthetic
Bitte achten Sie darauf, daß das Gerät nicht **naß** wird.	Faites bien attention de ne pas mouiller l'appareil.	Please be careful not to get the machine wet.
Nationalität	nationalité	nationality
Nephropathie	nephropathie	nephropathy
Nervenerkrankung	affection (f) des neurologique (m, pl)	neurotic disease
Netzhosen	slip périodique (m)	Net stockings
Neuropathie	neuropathie (f)	neuropathy
Niere	rein (m)	kidney
nüchtern	à jeun	NPO (nil per oram); fasting
Morgen müssen Sie **nüchtern** bleiben.	Demain vous devez rester à jeun.	Tomorrow you will have to fast.
Nüchtern-Blutzucker	glycémie à jeun	fasting blood glucose
Nudeln	pâtes (f, pl)	pasta
Oberbauchsono	échographie abdominale	upper abdomen ultra-sound
Machen Sie bitte den **Oberkörper** frei.	Défaites vos vêtements jusqu'à la ceinture.	Could you please strip the waist?

Mit dem **Oberkörper** hier anlehnen und die Arme nach unten nehmen.	Appuyez les épaules ici et laissez tomber les bras.	Could you please rest the upper half of your body and keep your arms at your side?
Obst	fruits (m, pl)	fruit
Obstsäfte	jus (m, pl) de fruits	fruit juices
Jetzt gibt es einen kleinen Stich ins **Ohr**/ am Finger.	Vous allez sentir une légère piqûre à l'oreille/au doigt.	We will now give you a small injection in your ear/on your finger.
OP-Hemd	chemise (f) pour opération	hospital robe
OP-Vorbereitung	préparation à l'operation	preparation
Was für eine **Operation** wird durchgeführt? evtl. welche Seite?	Quelle opération va être pratiquée? evtl. quel côté?	What kind of operation will take place, on which side?
Die **Operation** ist vorbei.	L'opération est finie.	The operation is over.
Wurden Sie schon einmal **operiert**?	Avez-vous déjà été opéré?	Have you ever had an operation?
Es ist alles in **Ordnung**. Sie dürfen gehen.	Tout est bien. Vous pouvez partir.	Everything is fine. You can leave now.
Ovarialcarcinom	cancer (m) de l'ovaire (m)	ovarial carcinoma
Perfusor	perfuseur	perforator
Peridualdauerkatheter	catheter péri-dural	peridural catheter
Wann war die letzte **Periode**?	Quelle est la date de vos dernière règles?	When was your last period?

Personalienangabe	renseignements (m, pl) personnels	personal details
Sollten Sie eine **Pfanne** (Flasche) benötigen, sagen Sie es mir bitte.	Si vous avez besoin d'un bassin (urinal) dites-le moi.	If you need a bed pan, let me know.
Wir machen Ihnen gleich noch ein **Pflaster** auf die Blutentnahmestelle.	Nous allons vous mettre un pansement à l'endroit de la prise de sang.	We will put a plaster on the spot where we took the blood.
Pforte	porte (f)/réception (f)	porter
Nehmen Sie bitte **Platz**.	Prenez place.	Please sit down.
Haben Sie die **Prämedika-tionsspritze** oder -tablette erhalten?	Avez-vous eu la piqûre (ou le comprimé) de prémédication?	Have you received the premedication injection or tablet?
Proktoskopie	proctoscopie	proctoscopy
Puls	pouls (m)	pulse
Ich möchte bei Ihnen den **Puls** messen.	Je vais prendre votre pouls.	I'd like to take your pulse.
Ich werde Ihnen jetzt den **Puls** und den Blutdruck messen.	Maintenant je vais vous prendre le pouls et la tension.	Now I am going to take your pulse and measure your blood pressure.
Bitte ziehen Sie den **Pyjama** an.	Il faut vous changer en pyjama.	Could you please put on the pyjama?
Zur **Rachen-betäubung**: Bitte machen Sie den Mund weit auf, bitte schlucken!	Concernant l'anaesthésie du palais: ouvrez très grand la bouche, avalez.	Throat anaesthetic: Please open your mouth as wide as possible, please swallow.
rasieren	raser	to shave

Bitte helfen Sie mir beim **Rasieren**.	Pourriez-vous m'aider à me raser.	Could you please help me to shave?
Redon wechseln	changer le redon	to change the redon
Reis	riz (m)	rice
Messen Sie bitte **rektal**/axillar.	Prenez la température rectale/axillaire.	Please measure your temperature rectal/ axillary
Rektoskopie	rectoscopie	retinoscope
Retinopathie	rétinopathie (f)	retinopathy
Ich fahre Sie mit dem **Rollstuhl**.	Je vais vous amener en fauteuil roulant.	I will take you with the wheelchair.
Röntgen	radiographier	x-ray
Sie werden nun zum **Röntgen** gebracht.	On va vous conduire à la radio.	You will be taken to be x-rayed now.
Haben Sie in einem anderen Krankenhaus oder einer Röntgen- praxis **Röntgenauf- nahmen** bekommen?	Avez-vous subi des radios dans un autre hôpital ou chez un radiologue?	Have you been x-rayed in another hospital or practice?
Bitte legen Sie sich auf den **Rücken**.	Allongez-vous sur le dos.	Could you please lie on your back?
Ruhen Sie sich zuerst aus.	Reposez-vous d'abord.	Take a rest first.
Bitte **ruhig** und ent- spannt liegen bleiben, nicht bewegen.	Restez allongé décontracté et immobile.	Try to lie as calmly as possible. Try not to move.
Sauerstoff zuführen	envoyer de l'oxygène	to supply oxygen
Nehmen Sie Tabletten für die **Schilddrüse**?	Prenez-vous des médicaments pour la thyroide?	Do you take any tablets for you thyroid?

Benötigen Sie ein **Schlafmittel**?	Désirez-vous un somnifère?	Do you need a sleeping tablet?
Fest **schlucken** bitte.	Déglutissez à fond s'il vous plaît.	Could you swallow hard, please?
Schlüpfer	slip (m)	panties
Haben Sie **Schmerzen**? Wo?	Avez-vous des douleurs? Où?	Are you in pain? Where is the pain?
Wo haben Sie **Schmerzen**?	Où avez-vous mal?	Where does it hurt?
Benötigen Sie ein **Schmerzmittel**?	Avez-vous besoin d'un calmant (antalgique)?	Do you need a pain killer?
Schmuck	bijoux (m, pl)	jewellery
Schmuck bitte ausziehen, Haarklammern und Zahnprothese entfernen.	Otez vos bijoux, épingles à cheveux et prothèse dentaire.	Could you please take off any jewellery, hair clips and dentures?
Hier ist Ihr **Schrank**.	Voici votre placard.	This is your cupboard
Sind Sie **schwanger**?	Êtes-vous enceinte?	Are you pregnant?
In welcher **Schwangerschaftswoche** sind Sie?	A combien de semaines de grossesse êtes-vous?	Which week of pregnancy are you in?
Hier ist die **Schwesternrufanlage**, melden Sie sich bitte, wenn Sie Hilfe brauchen!	Voici la sonnette pour appeler l'infirmiere!	This is the call button for the nurses. Push it whenever you need help.
Bei **Sedierung**: Sie müssen noch eine Stunde bei uns bleiben. Können Sie abgeholt werden?	Vous devez rester encore pendant une heure. Quelqu'un peut venir vous chercher?	After sedation: You will have to stay here for another hour. Can someone pick you up?

Drehen Sie sich bitte auf die **Seite**.	Tournez-vous sur le côté.	Could you please turn on your side?
Seitenlagerung	position latérale	to lie on one's side
Selbstkontrollen	auto-controle	self control
Bitte **setzen** Sie sich.	Prenez place s'il vous plaît.	Could you please sit down?
Setzen Sie sich bitte.	Asseyez-vous s'il vous plaît.	Could you please sit down?
Sind Sie zufrieden?	Tout va bien?	Are you satisfied?
Sind Sie alleine zu Hause?	Vivez-vous seul(e)?	Do you live alone?
Sitzbad	bain de siège	hip bath
Gyn-**Sono**	échographie (f) gynécologique	gynecological ultra-sound examination
Sonographie	échographie	ultrasonography
Spätmahlzeit	repas tardif	a late meal
Der Arzt erlaubt Ihnen, im Patientengarten **spazieren** zu gehen.	Le médecin vous autorise à vous promener dans le parc.	The doctor says it is all right for you to take a walk in the hospital grounds.
mit Besuch **sprechen**	parler avec la visite	to talk to visitors
Der Arzt **spricht** noch mit Ihnen.	Le médecin va venir vous parler.	The doctor would like to talk to you.
Spritze	piqûre	injection
Ich muß Sie für die Untersuchung vorbereiten/Ihnen eine **Spritze** geben.	Je dois vous préparer pour l'examen/vous faire une piqûre.	I have to give you an injection in preparation for the examination.
spritzen	faire une injection	give an injection

Auf welcher **Station** liegen Sie?	Dans quel service êtes-vous hospitalisé?	Which ward are you in?
stationär	stationnaire	residential
Stationszimmer	salle (f) du service	ward
Bitte **stellen** Sie die Beine an.	Veuillez repilier les jambes.	Could you please lean your legs here?
Stoffwechsel-entgleisung	trouble (m) du métabolisme	metabolism disorder
Straße	rue	street, road
frische **Strümpfe** anziehen	enfiler des bas propres	to put on clean stockings
Hatten Sie **Stuhlgang**? Wann zuletzt?	Êtes-vous allé à la selle? Quand?	How are your bowel movements? When were you last on the toilet?
Hatten Sie gestern **Stuhlgang**?	Êtes-vous allé à la selle hier?	Did you empty your bowels yesterday?
Wann hatten Sie den letzten **Stuhlgang**?	Quand êtes-vous allé à la selle pour la dernière fois?	When have you last been to the toilet?
Stundenurin	urine horaire	hourly urine
Suprabubischer Katheter	catheter sus-pubien	suprapubic catheter
Tabletten	comprimés (m, pl)	tablets
Nehmen Sie **Tabletten**?	Prenez-vous des comprimés?	Do you take any tablets?
Nehmen Sie **Tabletten** für die Schilddrüse?	Prenez-vous des médicaments pour la thyroide?	Do you take any tablets for your thyroid?
Tabletten bitte nach dem Essen einnehmen.	Prendre les comprimés après le repas.	Please take the tablets after the meal.

Alphabetisches Verzeichnis

Tagesprofil	profil/courbe journalière	daily routine
Möchten Sie **Telefon/ Fernseher**?	Désirez-vous le télé- phone/la télévision?	Would you like a telephone/television?
Vor der Entlassung bitte den Eigenanteil und das **Telefon** bezahlen.	Avant votre sortie veuillez régler les frais à votre charge et le téléphone.	Do not forget to pay your contribution to the hospital bill and the telephone bill.
Zum **Telefonieren** die 0 wählen, auf Freizeichen warten, danach Vorwahl und Telefonnummer.	Pour téléphoner composer le zéro, attendre la tonalité puis faire le préfixe suivi du numéro.	to telephone-dial 0, wait for the tone, then dial the code and then the telephone number
Telefonnummer	numéro de téléphone	telephone number
Wie ist Ihre **Telefonnummer**?	Quel est votre numéro de téléphone?	What is your telephone number?
Ich möchte bei Ihnen die **Temperatur** (rektal) messen.	Je vais prendre votre température (rectale).	I would like to take your temperature.
Teststreifen	bandelette réactive	dip and read test strip
Ich werde Ihnen jetzt eine **Tetanusimpfung** verabreichen.	Je vais vous faire un vaccin anti-tétanique.	I am going to give you a tetanus shot.
Ich gebe Ihnen das **Thermometer**.	Je vous donne le thermomètre.	I will give you the thermometer.
Bitte legen Sie das **Thermometer** unter den Arm.	Mettez le thermomètre sous le bras s'il vous plaît.	Could you please place the thermometer under your arm?
Das zweite **Thermometer** führen Sie bitte mit der Folie in den After ein.	Le second thermomètre, vous l'introduisez avec la feuille en plastique dans l'anus.	Could you please insert the second thermometer with the foil in the anus?

Die **Toilette** befindet sich gleich gegenüber.	Les W.C. se trouvent juste en face.	The toilet is directly opposite.
Die **Toilette** ist nebenan.	Les W.C. sont à côté.	The toilet is next door.
Gehen Sie jetzt bitte auf die **Toilette**.	Allez aux toilettes maintenant.	Could you please go to toilet?
Müssen Sie auf den **Topf**?	Devez-vous aller à la selle?	Do you need to go to the toilet?
Bitte viel **trinken**.	Beaucoup boire.	Try to drink as much as possible.
zu **trinken** geben	donner à boire	to give to drink
Bitte mit dem Essen und **Trinken** eine Stunde warten.	Attendez une heure avant de manger et de boire.	Please do not eat or drink anything for at least an hour.
Trinken Sie bitte den Becher leer.	Videz le gobelet s'il vous plaît.	Could you please finish the drink.
Könnten Sie bitte diesen **Tupfer** festhalten?	Pourriez-vous appuyer sur ce petit tampon?	Could you please hold the swab?
Haben Sie **Übelkeit**?	Avez-vous des nausées?	Do you feel queasy?
Übergewicht	obésité (f)	overweight
Ich werde jetzt einige **Überwachungsgeräte** anschließen.	Maintenant je vais brancher quelques appareils de contrôle.	I will now switch on a few monitoring machines.
Überzucker	hyperglycémie (f)	higher than normal levels of glucose (hyperglycemia)
Umlagerung	changement de position	dislocation (of bone)/to change ward

Haben Sie eine innere **Unruhe**?	Êtes-vous soucieux?	Do you feel agitated?
Machen Sie bitte den **Unterkörper** frei.	Dégagez le bas du corps s'il vous plaît.	Could you please strip from the waist down?
Der Arzt wird Sie **untersuchen**.	Le médecin va vous ausculter.	The doctor is going to examine you.
Untersuchung	examen (m) médical	examination
Sie haben eine **Untersuchung**.	Vous allez subir un examen.	You will be examined.
Gehen Sie bitte mit zur **Untersuchung**.	Suivez-moi pour aller subir votre examen.	Could you please follow me to the examination.
Die **Untersuchung** ist beendet.	L'examen est terminé.	The examination is over.
Nach der **Untersuchung**: Bitte setzen Sie sich auf und spucken Sie den restlichen Speichel in den Zellstoff.	Après examen: Asseyez-vous et crachez le reste de salive.	After the examination: Could you please sit up and spit the rest of the saliva into the tissue.
Während der **Untersuchung**: Durch die Luftzufuhr entstehen schmerzende Blähungen.	Pendant l'examen: l'introduction d'air provoque des ballonnements douloureux.	During the examination: As a result of the air supply you may have some painful wind.
Unterzucker	hypoglycémie (f)	lower than normal levels of glucose (hypoglycemia)
Wann haben Sie zuletzt **Urin** gelassen?	Quand avez-vous uriné pour la dernière fois?	When did you last go to the toilet?
Sie sollten noch **Urin** abgeben.	Vous devez encore donner un échantillon d'urine.	You still have to give a urine sample.

In diesem Behältnis sollten Sie 24 Stunden lang **Urin** sammeln. Den Behälter bitte lichtgeschützt aufbewahren.	Dans ce flacon vous allez récupérer vos urines pendant 24 heures. Conservez-le à l'abri de la lumière.	You have to collect urine over 24 hours. Keep the container away from direct sunlight.
Stunden**urin**	urine horaire	hourly urine
Einen **Urinbecher** stellen wir in die Durchreiche. Sie können den Becher dorthin wieder zurückstellen.	Nous allons déposer un gobelet à urine dans le guichet. Vous l'y déposerez également.	We will place a urine sample container in the hatch. Put it back there when you are ready.
Urinkontrolle	contrôle de l'urine	urine test
Können Sie eine **Urinprobe** abgeben?	Pouvez-vous donner un peu d'urine?	Could you give us a urine sample please?
Erklärung des Mittelstrahl**urins**	explication de l'urine du milieu du jet	description of midstream urine
Urinzucker	glucosurine	urine sugar
Urodynamik	urodynamique	urodynamics
Haben Sie **vaginale** Blutung? (Periodenstark oder weniger?)	Avez-vous des saignements? (Aussi intenses que pendant les règles ou moins intenses?)	Do you have bleeding from the vagina? (Similar to a period or less?)
Verbandwechsel	changement de pansement	to change the bandage
Viggo	cathèter court avec obtuateur	venflon
Visite	visite (f) du médecin	visit

Ich muß Sie für die Untersuchung **vorbereiten/**Ihnen eine Spritze geben.	Je dois vous préparer pour l'examen/vous faire une piqûre.	I have to give you an injection in preparation for the examination
OP-**Vorbereitung**	préparation à l'operation	preparation for operation
Vorname	prénom	first name
Waren Sie schon einmal im Krankenhaus?	Avez-vous déjà fait un séjour à l'hôpital?	Have you been in a hospital before?
Waren Sie schon einmal bei uns?	C'est la première fois que vous venez chez nous?	Have you been here before?
Setzen Sie sich bitte in das **Wartezimmer**. Sie werden aufgerufen.	Prenez place dans la salle d'attente. On vous appellera.	Could you please sit down in the waiting room? You will be called, when it is your turn.
Bitte helfen Sie mit beim **Waschen**.	Pourriez-vous m'aider à me laver.	Could you please help with the washing?
Brauchen Sie Hilfe beim **Waschen**?	Vous faut-il de l'aide pour la toilette?	Do you need help with the washing?
Haare **waschen**	laver les cheveux	to wash hair
Waschlappen	gant (m) de toilette	face cloth
Waschschüssel	cuvette	wash baisin
Wertgegenstände können bei uns eingeschlossen werden.	Les objets de valeur peuvent être mis sous clé.	Your valuables can be looked after by us
Wie geht es Ihnen?	Comment allez-vous?	How are you?
Gehen Sie bitte mit zum **Wiegen**.	Nous allons vous peser.	Could you please follow me to the weighing scales?

Wo **wohnen** Sie?	Où habitez-vous?	Where do you live?
Wohnen Sie alleine?	Habitez-vous seul?	Do you live alone?
Wohnort	domicile	address
Wunddrainage	drain (m)	wound drainage
Wurden Sie schon einmal operiert?	Avez-vous déjà été opéré?	Have you ever been operated before?
Zahnprothese	prothèse dentaire (f)	dentures
Tragen Sie eine **Zahn-prothese**? Ist sie entfernt?	Avez-vous une prothèse dentaire? L'avez-vous enlevée?	Do you wear dentures? Have you taken them out?
Schmuck bitte aus-ziehen, Haarklammern und **Zahnprothese** entfernen.	Otez vos bijoux, épingles à cheveux et prothèse dentaire.	Could you please remove all jewellery, hair accessories and your dentures?
Zeigen Sie mir bitte das rechte/linke Bein.	Montrez-moi votre jambe droite/gauche.	Could you please show me your right/left leg?
Zellstoff	cellulose (f)	cellulose
Zentraler Venenkatheter (Z.V.D.)	Pression veineuse centrale (P.V.C.)	central vein pressure
Ziehen Sie bitte Ihren Schlafanzug/Ihr Nachthemd an.	Mettez-vous en pyjama/chemise de nuit.	Could you please put on your pyjama?
Ziehen Sie sich bitte ganz aus.	Déshabillez-vous complètement.	Could you please take off all your clothes?
Sie kommen wieder auf Ihr **Zimmer** zurück.	Nous allons vous ramener dans votre chambre.	You will be taken back to your room.
Jetzt lege ich Ihnen einen venösen **Zugang**.	Aprésent, je vous pose une voie rèmeuse.	Now I will attach you to a drip.
Zeigen Sie bitte die **Zunge**.	Tirez la langue s'il vous plaît.	Could you please stick your tongue out?

Z.V.D. messen	mesurer la pression veineuse centrale (P.V.C).	to measure the central vein pressure
Zwieback	biscotte (f)	crackers
Was essen Sie zu den **Zwischenmahlzeiten**?	Que mangez-vous entre les repas?	What do you eat between meals?
Essen Sie regelmäßig Ihre **Zwischen- mahlzeiten**?	Prenez-vous régulièrement vos en- cas?	Do you eat regulary between meals?

Hier ist die **Ablage** für Waschutensilien.	Là vous avez une étagère pour vos affaires de toilette.	Here is space for your washing things.
drohender **Abort**	risque d'avortement	threatened abortion
absaugen	aspirer	suction
Achselhöhle	creux (m) axillaire	armpit
Adnexe	annexes (f, pl)	adnexa
Haben Sie **Allergien** gegen Medikamente/ Nahrungsmittel?	Êtes-vous allergique à des médicaments/des aliments?	Are you allergic to any medicines or foodstuffs?
ambulant	ambulant	outpatients
Angehörige	parents/membres de la famille	relatives
Haben Sie **Angehörige**?	Avez-vous de la famille?	Do you have any family?
Antithrombose- strümpfe	bas (m, pl) anti- thrombose	anti-thrombosis stockings
Anusbeutel leeren	Vider la poche d'anus-contre.	to empty the anus bag
frische Strümpfe **anziehen**	enfiler des bas propres	to put on clean stockings
Was ist mit dem **Appetit**?	Comment va l'appétit?	How is your appetite?
Was **arbeiten** Sie?	Qu'elle est votre activité professionelle?	What do you do?
Die **Arme** ausstrecken bitte.	Tendez les bras s'il vous plaît.	Please hold out your arms.
Der **Arzt** kommt gleich.	Le médecin arrive tout de suite.	The doctor will be here in a moment.

Der **Arzt** spricht noch mit Ihnen.	Le médecin va venir vous parler.	The doctor would like a word with you.
Alle Fragen des **Aufnahmebogens**.	Toutes les questions du formulaire d'admission.	All of the questions on the information leaflet.
Die Arme **ausstrecken** bitte.	Tendez les bras s'il vous plaît.	Could you stretch out your arms please?
Haben Sie **Auswurf**?	Avez-vous des expectorations? (des crachats?)	Do you have phlegm?
Messen Sie bitte rektal/**axillar**.	Prenez la température rectale/axillaire.	Take your rectal and axillary temperature.
Bademantel	peignoir	dressing gown
Das **Bein** hoch heben bitte.	Levez la jambe s'il vous plaît.	Could you lift your leg, please?
Beruf	profession	occupation
Was für einen **Beruf** haben Sie?	Quelle est votre profession?	What is your occupation?
Sind Sie **berufstätig**?	Est-ce que vous travaillez?	Do you have a job?
Sie bekommen das verordnete **Beruhigungsmittel**.	Voici votre calmant.	You will get the prescribed sedative.
Besprechung	entretien (m)	appointment
Besuch	visite (f)	visit
mit **Besuch** sprechen	parler avec la visite	to talk to visitors
Hier ist Ihr **Bett**.	Voici votre lit.	This is your bed.
Stehen Sie bitte auf, ich möchte das **Bett** machen.	Levez-vous s'il vous plaît, je voudrais faire le lit.	Could you get up, please? I have to make the bed.

Sie müssen im **Bett** bleiben.	Vous devez rester au lit.	You have to stay in bed.
strenge **Bettruhe**	repos au lit	You have to remain in bed.
Bettschieber	bassin	bedpan
Vor der Entlassung bitte den Eigenanteil und das Telefon **bezahlen**.	Avant votre sortie veuillez régler les frais à votre charge et le téléphone.	Before leaving the hospital, don't forget to pay the telephone bill and your own part of the hospital bill.
Blasenkatheter	sonde (f) urinaire	bladder catheter
Blasentraining	contractions/ gymnastique (f) de la vessie	bladder training
Blutdruck	tension (f)	blood pressure
Ich möchte bei Ihnen den **Blutdruck** messen.	Je vais prendre votre tension.	I would like to take your blood pressure.
Ich messe Ihnen den **Blutdruck**.	Je vais prendre votre tension.	I will take your blood pressure now.
Blutentnahmen	prise (f) de sang	to take blood
Haben Sie vaginale **Blutung**? (Periodenstark oder weniger?)	Avez-vous des saignements? (Aussi intenses que pendant les règles ou moins intenses?)	Do you have bleeding from the vagina? Similar to a period or less?
Braunüle	catheter court	drip attachment
Brille	lunettes (f, pl)	glasses
Tragen Sie eine **Brille**?	Avez-vous des lunettes?	Do you wear glasses?
Cervix CA	cancer du col de l'uterus	cervix carcinoma

Chemotherapie	chimiothérapie (f)	chemotheraphy
Corpus CA	cancer de l'uterus	corpus carcinoma
Damenbinden	serviettes (f, pl) hygiéniques	sanitary towels
Darm spülen	lavement intestinal	to empty the bowel/ intestines
Darmrohre legen	poser une canule/sonde intestinale	to insert an intestine tube
Sind Sie **Diabetiker/**-in?	Êtes-vous diabétique?	Are you a diabetic?
Müssen Sie eine bestimmte **Diät** einhalten?	Devez-vous suivre un régime particulier?	Do you follow a specific diet?
Haben Sie **Durst**?	Avez-vous soif?	Are you thirsty?
Durst – was möchten Sie trinken?	Soif – que voulez-vous boire?	Thirsty – What would you like to drink?
Vor der Entlassung bitte den **Eigenanteil** und das Telefon bezahlen.	Avant votre sortie veuillez régler les frais à votre charge et le téléphone.	Please remember to pay your contribution to the hospital bill and the telephone bill before you leave.
Einlauf	lavement (m)	enema
EKG	électrocardiogramme (m)	ECG
Ein **EKG** wird geschrieben.	On va faire un électro-cardiogramme.	An ECG is being written.
Entbindungstermin	date de l'accouchement	delivery date
Vor der **Entlassung** bitte den Eigenanteil und das Telefon bezahlen.	Avant votre sortie veuillez régler les frais à votre charge et le téléphone.	Please remember to pay your part of the hospital bill and the telephone bill before you leave.

Können Sie alles **essen**?	Pouvez-vous manger de tout?	Can you eat everything?
Was möchten Sie **essen**?	Que désirez-vous manger?	What would you like to eat?
Facharzt	spécialiste	specialist
Ich **fahre** Sie mit dem Bett.	Je vais vous transporter avec votre lit.	I will take you with the bed.
Hatten Sie schon eine **Fehlgeburt**?	Avez-vous déjà fait une fausse-couche?	Have you ever had a miscarriage?
Möchten Sie Telefon/ **Fernseher**?	Désirez-vous le téléphone/ la télévision?	Would you like a telephone or a television?
Fieber	fièvre (f)	temperature
Fußbad	bain de pieds	footbath
Gebärmutter	utérus (m)	womb
Haben Sie ein **Gebiß**?	Avez-vous un dentier?	Do you wear dentures?
Geburtsdatum	date de naissance	date of birth
Geburtsort	lieu de naissance	place of birth
Was **gehört** Ihnen?	Qu'est-ce que vous appartient?	What belongs to you?
Haben Sie einen **Gehstock**?	Avez-vous une canne?	Do you have a walking stick?
Wie **geht** es Ihnen?	Comment ça va?	How are you?
Geistlicher	prêtre (m)	clergyman
Genitalabspülung im Bett	laver les parties génitales dans le lit	rinse genitals in bed
Haben Sie **Gepäck**?	Avez-vous des bagages?	Do you have any luggage?

Haben Sie gut **geschlafen**?	Avez-vous bien dormi?	Did you sleep well?
Wie sind Ihre **Gewohnheiten** zu Hause?	Quelles sont vos habitudes à la maison?	What is your daily routine?
Wir werden Ihre **Größe** messen.	Nous allons vous mesurer.	Please follow me to be measured.
Ich bringe Ihnen was zum **Gurgeln**.	Je vous apporte de quoi vous gargariser.	I will bring you something to gurgle.
Guten Tag, ich bin Sr. … und möchte Sie gern auf Station abholen. Rollstuhl?	Bonjour. Je suis soeur … Je vais vous conduire dans le service. Fauteuil roulant?	Good morning/ afternoon. I am nurse … and would like to bring you to the ward. Would you like a wheelchair?
Gyn-Sono	échographie (f) gynécologique	gynecological ultra-sound examination
Haare waschen	laver les cheveux	to wash one's hair
Haarperücke	perruque (f)	wig
Haben Sie **Halsschmerzen**?	Avez-vous mal à la gorge?	Do you have a sore throat?
Handtuch	serviette (f) de toilette	towel
Harnblase	vessie	urinary bladder
Hausarzt	médecin habituel/ médecin de famille	GP
nach **Hause**	à la maison	to go home
Das Bein hoch **heben** bitte.	Levez la jambe s'il vous plaît.	Please lift your left leg.
Wie **heißen** Sie?	Comment vous appelez-vous?	What is your name, please?

OP-**Hemd**	chemise (f) pour opération	hospital robe
Brauchen Sie **Hilfe** beim Waschen?	Vous faut-il de l'aide pour la toilette?	Do you need help with the washing?
Benötigen Sie meine **Hilfe**?	Avez-vous besoin d'aide?	Do you need my help?
Haben Sie ein **Hörgerät**?	Avez-vous un appareil auditif?	Do you have a hearing aid?
Haben Sie **Hunger**?	Avez-vous faim?	Are you hungry?
Haben Sie **Husten**?	Est-ce que vous toussez?	Do you have a cough?
Infusion	perfusion (f)	infusion
Infusomat	infusomat ou pompe à perfusion	infuser
Inhalierer	inhalateur (m)	inhaler apparatus
Intimpflege	soins intimes/toilette intime	personal hygiene
Wieviel **Kinder** haben Sie?	Combien d'enfants avez-vous?	How many children do you have?
Kiosk	Kiosque (m)	a small shop
Kommunion-Tag	jour de communion	communion day
Kontaktlinsen	lentilles (f, pl) de contact	contact lenses
Das ist ein **Kopfhörer**. Nachrichten, Musik und Heilige Messe werden übertragen.	Voilà des écouteurs. Les infos, de la musique et la messe sont retransmis.	These are headphones. You can listen to news, music and religious services.
Haben Sie **Kopfschmerzen**?	Avez-vous des maux de tête?	Do you have a headache?

Krankengymnastik	gymnastique (f) médicale	physiotheraphy
Waren Sie schon einmal im **Krankenhaus**?	Avez-vous déjà fait un séjour à l'hôpital?	Have you been in hospital before?
Krankenkasse	caisse maladie	public health insurance
Krankenpflegeschüler	élève infirmier	nurse's aid trainee
Krankensalbung	extrême-onction (f)	last rites
Küche	cuisine (f)	kitchen
Labor	laboratoire (m)	laboratory
Bekommen Sie schlecht **Luft**?	Vous avez du mal à respirer?	Are you having problems breathing?
Lymphknoten	ganglion (m) lymphatique	lymph node
Mammatumor	tumeur (f) de sein (m)	breast tumour
Was nehmen Sie für **Medikamente** ein?	Quels médicaments prenez-vous?	What medicines are you taking?
Haben Sie Allergien gegen **Medikamente/** Nahrungsmittel?	Êtes-vous allergique à des médicaments/des aliments?	Are you allergic to any medicines or foodstuffs?
Nehmen Sie regelmäßig **Medikamente** ein?	Prenez-vous régulièrement des médicaments?	Do you take any medicines regularly?
Das ist ein Kopfhörer. Nachrichten, Musik und Heilige **Messe** werden übertragen.	Voilà des écouteurs. Les infos, de la musique et la messe sont retransmis.	These are headphones. You can listen to news, music and religious services.
Messen Sie bitte rektal/axillar.	Prenez la température rectale/axillaire.	Please take your temperatures rectal/ axillary.

Mitpatient	personne accompagnante	other patients
Erklärung des **Mittelstrahlurins**	explication de l'urine du milieu du jet	discription of the midstream urine
Monitor	écran	monitor
Sind Sie **müde**?	Êtes-vous fatigué?	Are you tired?
Mund aufmachen, bitte.	Ouvrez la bouche s'il vous plaît.	Could you open your mouth, please?
Das ist ein Kopfhörer. Nachrichten, **Musik** und Heilige Messe werden übertragen.	Voilà des écouteurs. Les infos, de la musique et la messe sont retransmis.	These are headphones. You can listen to news, music and religious services.
Das ist ein Kopfhörer. **Nachrichten**, Musik und Heilige Messe werden übertragen.	Voilà des écouteurs. Les infos, de la musique et la messe sont retransmis.	These are headphones. You can listen to news, music and religious services.
Nachthemd	chemise (f) de nuit	night shirt
Nachtstuhl	chaise percée (f)	toilet chair
Brauchen Sie einen **Nachtstuhl**/eine Urinflasche?	Est-ce que vous voulez une chaisse percée/un urinal?	Do you need a toilet chair/urine container?
Hier ist Ihr **Nachttisch**.	Voici votre table de nuit.	Here is your bedside table.
Nagellack	vernis (m) à ongles	nail polish
Haben Sie Allergien gegen Medikamente/ **Nahrungsmittel**?	Êtes-vous allergique à des médicaments/ des aliments?	Are you allergic to any medicines or foodstuffs?
Name	nom	name
Narkoseinformation	informations concernant l'anesthésie	information about the anaesthetic
Nationalität	nationalité	nationality

Netzhosen	slip périodique (m)	net stockings
nüchtern	à jeun	NPO (nil per oram); fasting
Morgen müssen Sie nüchtern bleiben.	Demain vous devez rester à jeun.	Tomorrow you will have to fast.
Oberbauchsono	échographie abdominale	upper abdomen ultra-sound
OP-Hemd	chemise (f) pour opération	hospital robe
OP-Vorbereitung	préparation à l'operation	preparation for operation
Wurden Sie schon einmal operiert?	Avez-vous déjà été opéré?	Have you had an operation before?
Ovarialcarcinom	cancer (m) de l'ovaire (m)	ovarial carcinoma
Perfusor	perfuseur	perforator
Peridualdauerkatheter	catheter péri-dural	peridual catheter
Wann war die letzte Periode?	Quelle est la date de vos dernières règles?	When was your last period?
Personalienangabe	renseignements (m, pl) personnels	personal details
Pforte	porte (f)/réception (f)	porter
Puls	pouls (m)	pulse
Ich möchte bei Ihnen den Puls messen.	Je vais prendre votre pouls.	I'd like to take your pulse.
Bitte ziehen Sie den Pyjama an.	Il faut vous changer en pyjama.	Could you please put on the pyjama?
rasieren	raser	to shave
Bitte helfen Sie mir beim Rasieren.	Pourriez-vous m'aider à me raser?	Could you please help me to shave?

Redon wechseln	changer le redon	to change the redon
Messen Sie bitte **rektal**/axillar.	Prenez la température rectale/axillaire.	Please measure your temperature rectal/ axillary.
Ich fahre Sie mit dem **Rollstuhl**.	Je vais vous amener en fauteuil roulant.	I will take you with the wheelchair.
röntgen	radiographier	to x-ray
Sie werden nun zum **Röntgen** gebracht.	On va vous conduire à la radio.	You will be taken to be x-rayed now.
Ruhen Sie sich zuerst aus.	Reposez-vous d'abord.	Take a rest first.
Sauerstoff zuführen	envoyer de l'oxygène	to supply oxygen
Benötigen Sie ein **Schlafmittel**?	Désirez-vous un somnifère?	Do you need a sleeping tablet?
Fest **schlucken** bitte.	Déglutissez à fond s'il vous plaît.	Could you swallow, please?
Schlüpfer	slip (m)	panties
Haben Sie **Schmerzen**? Wo?	Avez-vous des douleurs? Où?	Are you in pain? Where is the pain?
Benötigen Sie ein **Schmerzmittel**?	Avez-vous besoin d'un calmant (antalgique)?	Do you need a pain killer?
Schmuck	bijoux (m, pl)	jewellery
Hier ist Ihr **Schrank**.	Voici votre placard.	This is your cupboard.
In welcher **Schwanger-schaftswoche** sind Sie?	A combien de semaines de grossesse êtes-vous?	Which week of pregnancy are you in?
Hier ist die **Schwesternrufanlage**, melden Sie sich bitte, wenn Sie Hilfe brauchen.	Voici la sonnette pour appeler l'infirmiere.	This is the call button for the nurses. Push it whenever you need help.

Seitenlagerung	position latérale	to lie on one's side
Setzen Sie sich bitte.	Asseyez-vous s'il vous plaît.	Could you please sit down?
Sind Sie zufrieden?	Tout va bien?	Are you satisfied?
Sind Sie alleine zu Hause?	Vivez-vous seul(e)?	Do you live alone?
Sitzbad	bain de siège	hip bath
Gyn-**Sono**	échographie (f) gynécologique	gynecological ultra-sound examination
Der Arzt erlaubt Ihnen, im Patientengarten **spazieren** zu gehen.	Le médecin vous autorise à vous promener dans le parc.	The doctor says it is all right for you to take a walk in the hospital grounds.
mit Besuch **sprechen**	parler avec la visite	to talk to visitors
Der Arzt **spricht** noch mit Ihnen.	Le médecin va venir vous parler.	The doctor would like to talk to you.
Spritze	faire une injection	injection
Ich muß Sie für die Untersuchung vorbereiten/Ihnen eine **Spritze** geben.	Je dois vous préparer pour l'examen/vous faire une piqûre.	I have to give you an injection in preparation for the examination.
spritzen	piqûre	to give an injection
stationär	stationnaire	residential
Stationszimmer	salle (f) du service	ward
Straße	rue	street, road
frische **Strümpfe** anziehen	enfiler des bas propres	to put on clean stockings
Hatten Sie **Stuhlgang**? Wann zuletzt?	Êtes-vous allé à la selle? Quand?	How are your bowel movements? When were you last on the toilet?

Hatten Sie gestern **Stuhlgang**?	Êtes-vous allé à la selle hier?	Did you empty your bowels yesterday?
Wann hatten Sie den letzten **Stuhlgang**?	Quand êtes-vous allé à la selle pour la dernière fois?	When have you last been to the toilet?
Stundenurin	urine horaire	hourly urine
Suprabubischer Katheter	catheter sus-pubien	suprapubic catheter
Tabletten bitte nach dem Essen einnehmen.	Prendre les comprimés après le repas.	Please take the tablets after the meal.
Möchten Sie **Telefon/** **Fernseher**?	Désirez-vous le télé-phone/la télévision?	Would you like a telephone/television?
Vor der Entlassung bitte den Eigenanteil und das **Telefon** bezahlen.	Avant votre sortie veuillez régler les frais à votre charge et le téléphone.	Don't forget to pay your contribution to the hospital bill and the telephone bill.
Zum **Telefonieren** die 0 wählen, auf Freizeichen warten, danach Vorwahl und Telefonnummer.	Pour téléphoner composer le zéro, attendre la tonalité puis faire le préfixe suivi du numéro.	To telephone dial 0, wait for the tone, then dial the code and then the telephone number
Telefonnummer	numéro de téléphone	telephone number
Wie ist Ihre **Telefonnummer**?	Quel est votre numéro de téléphone?	What is your telephone number?
Ich möchte bei Ihnen die **Temperatur** (rektal) messen.	Je vais prendre votre température (rectale).	I would like to take your temperature.
Ich gebe Ihnen das **Thermometer**.	Je vous donne le thermomètre.	I will give you the thermometer.
Müssen Sie auf den **Topf**?	Devez-vous aller à la selle?	Do you need to go to the toilet?

Bitte viel **trinken**.	Beaucoup boire.	Try to drink as much as possible.
zu **trinken** geben	donner à boire	to give to drink
Haben Sie **Übelkeit**?	Avez-vous des nausées?	Do you feel queasy?
Umlagerung	changement de position	dislocation (of bone)/to change ward
Haben Sie eine innere **Unruhe**?	Êtes-vous soucieux?	Do you fell agitated?
Der Arzt wird Sie **untersuchen**.	Le médecin va vous ausculter.	The doctor is going to examine you.
Untersuchung	examen (m) médical	examination
Sie haben eine **Untersuchung**.	Vous allez subir un examen.	You will be examined.
Gehen Sie bitte mit zur **Untersuchung**.	Suivez-moi pour aller subir votre examen.	Could you please follow me to the examination?
Wann haben Sie zuletzt **Urin** gelassen?	Quand avez-vous uriné pour la dernière fois?	When did you last go to the toilet?
Stunden**urin**	urine horaire	hourly urine
Urinkontrolle	contrôle de l'urine	urine test
Können Sie eine **Urinprobe** abgeben?	Pouvez-vous donner un peu d'urine?	Could you give us a urine sample please?
Erklärung des Mittelstrahl**urins**	explication de l'urine du milieu du jet	description of midstream urine
Urodynamik	urodynamique	urodynamics
Haben Sie **vaginale** Blutung? (Periodenstark oder weniger?)	Avez-vous des saignements? (Aussi intenses que pendant les règles ou moins intenses?)	Do you have bleeding from the vagina? (similar to a period or less?)

Verbandwechsel	changement de pansement	to change the bandage
Viggo	catheter court avec obtua	venflon
Visite	visite (f) du médecin	visit
Ich muß Sie für die Untersuchung **vorbereiten**/Ihnen eine Spritze geben.	Je dois vous préparer pour l'examen/vous faire une piqûre.	I have to give you an injection in preparation for the examination.
OP-**Vorbereitung**	préparation à l'operation	preparation for operation
Vorname	prénom	first name
Waren Sie schon einmal im Krankenhaus?	Avez-vous déjà fait un séjour à l'hôpital?	Have you been in a hospital before?
Setzen Sie sich bitte in das **Wartezimmer**. Sie werden aufgerufen.	Prenez place dans la salle d'attente. On vous appellera.	Could you please sit down in the waiting room? You will be called when it is your turn.
Bitte helfen Sie mit beim **Waschen**.	Pourriez-vous m'aider à me laver.	Could you please help me with the washing?
Brauchen Sie Hilfe beim **Waschen**?	Vous faut-il de l'aide pour la toilette?	Do you need help washing?
Haare **waschen**	laver les cheveux	to wash hair
Waschlappen	gant (m) de toilette	face cloth
Waschschüssel	cuvette	wash baisin
Wertgegenstände können bei uns eingeschlossen werden.	Les objets de valeur peuvent être mis sous clé.	Your valuables can be looked after by us.

Allgemein

Wir werden Sie **wiegen**.	Nous allons vous peser.	Could you please follow me to the weighing scales?
Wo **wohnen** Sie?	Où habitez-vous?	Where do you live?
Wohnen Sie alleine?	Habitez-vous seul?	Do you live alone?
Wohnort	domicile	place of residence
Wunddrainage	drain (m)	wound drainage
Wurden Sie schon einmal operiert?	Avez-vous déjà été opéré?	Have you ever been operated before?
Zahnprothese	prothèse dentaire (f)	dentures
Zellstoff	cellulose (f)	cellulose
Ziehen Sie bitte Ihren Schlafanzug/Ihr Nachthemd an.	Mettez-vous en pyjama/chemise de nuit.	Could you please put on your pyjama?
Zentraler Venenkatheter (Z.V.D.)	Pression veineuse centrale (P.V.C.)	central vein pressure
Zeigen Sie bitte die **Zunge**.	Tirez la langue s'il vous plaît.	Could you please stick your tongue out?
Z.V.D. messen	mesurer la pression veineuse centrale (P.V.C).	to measure the central vein pressure
Zwieback	biscotte (f)	crackers

Sie sind im **Aufwachraum**.	Vous êtes dans la salle de réveil.	You are in the recovery room.
Bitte öffnen Sie die **Augen**.	Ouvrez les yeux s'il vous plaît.	Could you please open your eyes?
Begrüßung	salutations	greetings
Wir begleiten Sie in Ihr **Bett**.	Nous vous ramenons dans votre lit.	We will show you to your bed.
Drehen Sie sich bitte auf die Seite und machen einen runden Rücken, die Beine an den Bauch ziehen, das Kinn an die Brust.	Tournez-vous sur le côté et faites le dos rond, remontez les jambes vers le ventre, baissez le menton sur la poitrine.	Could you please roll onto your side, pull your knees up, hug them and lean your chin onto your chest.
Heben Sie bitte den linken Arm.	Levez le bras gauche s'il vous plaît.	Please lift your left arm.
Der Arzt wird Ihnen jetzt einen **Katheter** legen.	Le médecin va vous poser un cathéter.	The doctor will attach a catheter.
Bekommen Sie gut **Luft**?	Est-ce que vous respirez bien?	Can you breathe easily?
Wann war die letzte **Nahrungsaufnahme**?	Quand avez-vous mangé pour la dernière fois?	When did you last eat?
Wie lautet Ihr **Name**	Quel est votre nom?	What is your name, please?
Was für eine **Operation** wird durchgeführt? evtl. welche Seite?	Quelle opération va être pratiquée? evtl. quel côté?	What kind of operation will take place, on which side?
Die **Operation** ist vorbei.	L'opération est finie.	The operation is over.

Haben Sie die **Prämedikationsspritze** oder -tablette erhalten?	Avez-vous eu la piqûre (ou le comprimé) de prémédication?	Have you received the premedication injection or tablet?
Wo haben Sie **Schmerzen**?	Où avez-vous mal?	Where does it hurt?
Ich werde jetzt einige **Überwachungsgeräte** anschließen.	Maintenant je vais brancher quelques appareils de contrôle.	I will now switch on a few monitoring machines.
Tragen Sie eine **Zahn-prothese**? Ist sie entfernt?	Avez-vous une prothèse dentaire? L'avez-vous enlevée?	Do you wear dentures? Have you taken them out?
Sie kommen wieder auf Ihr **Zimmer** zurück.	Nous allons vous ramener dans votre chambre.	You will be taken back to your room.
Jetzt lege ich Ihnen einen venösen **Zugang**.	A présent, je vous pose une voie rémeuse.	Now I will attach you to a drip.

Ihre Sachen können Sie dort **ablegen**.	Vous pouvez déposer vos vêtements là-bas.	You can leave your personal things over there.
Das zweite Thermometer führen Sie bitte mit der Folie in den **After** ein.	Le second thermomètre, vous l'introduisez avec la feuille en plastique dans l'anus.	Could you please insert the second thermometer with the plastic foil into your anus (bum)?
Bitte legen Sie das Thermometer unter den **Arm**.	Mettez le thermomètre sous le bras s'il vous plaît.	Please put the thermometer under your arm.
Geben Sie mir bitte den rechten/linken **Arm**.	Donnez-moi votre bras droit/gauche.	Please give me your right/left arm.
Dies ist Dr. ..., unser **Arzt**.	Voici le docteur ...	This is Dr ..., our doctor.
Machen Sie bitte den **Bauch** frei.	Dégagez votre ventre s'il vous plaît.	Can I see you stomach, please?
Zeigen Sie mir bitte das rechte/linke **Bein**.	Montrez-moi votre jambe droite/gauche.	Could you please show me your right/left leg?
Was haben Sie für **Beschwerden**?	Qu'est-ce qui ne va pas?	What sort of complaints do you have?
Ich werde Ihnen jetzt den Puls und den **Blutdruck** messen.	Maintenant je vais vous prendre le pouls et la tension.	Now I am going to take your pulse and measure your blood pressure.
Drehen Sie sich bitte auf die Seite.	Tournez-vous sur le côté.	Could you turn onto your side, please?
Sollten Sie eine Pfanne (**Flasche**) benötigen, sagen Sie es mir bitte.	Si vous avez besoin d'un bassin (urinal) dites-le moi.	Let me know if you need a bed pan.
Geben Sie mir bitte den rechten/linken Arm.	Donnez-moi votre bras droit/gauche.	Could you give me your right/left arm, please?

Guten Tag, ich bin Schwester …	Bonjour, je m'appelle … (oder für die Ordensschwestern: soeur …)	Good morning/ afternoon. I am nurse … .
Kann ich Ihnen **helfen**?	Puis-je vous aider?	Can I help you?
Möchten Sie ein **Lagerungskissen**?	Souhaitez vous un coussin de latéralisation.	Would you like a pillow?
Bitte **legen** Sie sich hin.	Allongez-vous s'il vous plaît.	Please lie down.
Möchten Sie höher oder tiefer **liegen**?	Voulez-vous la tête plus haute ou plus basse?	Would you like to lie higher or lower?
Bitte bleiben Sie **liegen**. Sie sollten nicht mehr aufstehen.	Restez couché s'il vous plaît. Vous ne devriez plus vous lever.	Please remain lying. You should not stand up again.
Wie ist Ihr **Name**?	Quel est votre nom?	What is your name, please?
Machen Sie bitte den **Oberkörper** frei.	Défaites vos vêtements jusqu'à la ceinture.	Could you please strip the waist?
Sollten Sie eine **Pfanne** (Flasche) benötigen, sagen Sie es mir bitte.	Si vous avez besoin d'un bassin (urinal) dites-le moi.	If you need a bed pan, let me know.
Ich werde Ihnen jetzt den **Puls** und den Blutdruck messen.	Maintenant je vais vous prendre le pouls et la tension.	Now I am going to take your pulse and measure your blood pressure.
Drehen Sie sich bitte auf die **Seite**.	Tournez-vous sur le côté.	Could you please turn on your side?
Bitte **setzen** Sie sich.	Prenez place s'il vous plaît.	Could you please sit down?

Ich werde Ihnen jetzt eine **Tetanusimpfung** verabreichen.	Je vais vous faire un vaccin anti-tétanique.	I am going to give you a tetanus shot.
Bitte legen Sie das **Thermometer** unter den Arm.	Mettez le thermomètre sous le bras s'il vous plaît.	Could you please place the thermometer under your arm?
Das zweite **Thermometer** führen Sie bitte mit der Folie in den After ein.	Le second thermomètre, vous l'introduisez avec la feuille en plastique dans l'anus.	Could you please insert the second thermometer with the foil in the anus?
Die **Toilette** befindet sich gleich gegenüber.	Les W.C. se trouvent juste en face.	The toilet is directly opposite.
Machen Sie bitte den **Unterkörper** frei.	Dégagez le bas du corps s'il vous plaît.	Could you please strip from the waist down?
Wie geht es Ihnen?	Comment allez-vous?	How are you?
Zeigen Sie mir bitte das rechte/linke Bein.	Montrez-moi votre jambe droite/gauche.	Could you please show me your right/left leg?
Ziehen Sie sich bitte ganz aus.	Déshabillez-vous complètement.	Could you please take off all your clothes?

Was essen Sie zum **Abendessen**?	Que mangez-vous au diner?	What do you have for your dinner?
Adipositas	adiposité	obesity
Adresse	adresse	address
Alkohol	alcool (m)	alcohol
Augen	yeux (m, pl)	eyes
BE = Broteinheit	unité de raleur (diabète)	carbohydrate exchange
12 Kohlenhydrate sind 1 **BE**	12 unités d'hydrate de carbone sont 1 unité de raleur (diabète)	12 carbohydrate are 1 carbohydrate exchange
Beine	jambes (f, pl)	legs
Blutzucker	glycémie (f)	blood sugar
Seit wann haben Sie **Blutzucker**?	Depuis quand avez-vous une glycémie?	Since when have you had blood sugar?
Wie hoch ist Ihr **Blutzucker**?	Quel est votre taux de glycémie?	How high is your sugar level?
Blutzuckermeßgerät	appareil à glycémie	blood sugar measuring apparatus
Blutzucker-selbstkontrolle	contrôle de la glycémie	self-monitoring of blood sugar
Machen Sie **Blutzucker-selbstkontrolle**?	Contrôlez-vous votre glycémie vous-même?	Do you measure your blood sugar yourself?
Wann machen Sie **Blutzucker-selbstkontrolle**?	Quand contrôlez-vous votre glycémie?	When do you measure your blood sugar?
Blutzuckerwert	taux (m) de glycémie	blood sugar value
Diabetes mellitus	diabète (m) sucré	diabetes mellitus

Haben Sie schon eine **Diabetesschulung** mitgemacht?	Avez-vous déjà suivi un cours d'information sur le diabète?	Have you attended a diabetic course?
insulinabhängig = Typ I **Diabetiker**	insulino-dependant = DID	insulin dependent = type 1 diabetic
nicht insulinabhängig = Typ II **Diabetiker**	non insulino-dependant = DNID	not insulin dependent = type 2 diabetic
diabetische Folgeschäden	séquelles (f, pl) du diabète	consequences of diabetes
diabetisches Koma	coma (m) diabétique	diabetic coma
Eiweiß	protéine (f)	protein
Ernährung	alimentation (f)	food/diet
Fett	lipides (m, pl)	fat
Folgeschäden	séquelles (f, pl)	consequential damages
Was essen Sie zum **Frühstück**?	Que mangez-vous au petit-déjeuner?	What do you have for breakfast?
Füße	pieds (m, pl)	feet
Fußpflege	pédicure (f)	care of your feet
Geburtsdatum	date de naissance	date of bith
Hyperglykämie	hyperglycémie (f)	hyperglycaemia
Hypoglykämie	hypoglycémie (f)	hypoglycaemia
Insulin	insuline (f)	insulin
Spritzen Sie **Insulin**?	Faites-vous des piqûres d'insuline?	Do you take insulin?
Wieviel Einheiten **Insulin** spritzen Sie?	Combien d'unités d'insuline injectez-vous?	How much insulin do you take?
Insulinspritzen	injection d'insuline	insulin injection

Kartoffeln	pommes de terre (f, pl)	potatoes
Kcal	Kcal	Cal
KJ	Joule	kJ
Kohlenhydrate	glucides (m, pl) oder hydrates de carbone	carbohydrates
12 Kohlenhydrate sind 1 BE	12 unités d'hydrate de carbone sont 1 unité de raleur (diabète)	12 carbohydrates are 1 carbohydrate exchange
Milchprodukte	produits (m, pl) lactés	dairy products
Wie sieht Ihr Mittagessen aus?	De quoi se compose votre déjeuner?	What do you have for lunch?
Name	nom	name
Nephropathie	nephropathie	nephropathy
Nervenerkrankung	affection des neurologique	neurotic disease
Neuropathie	neuropathie (f)	neuropathy
Niere	rein (m)	kidney
Nüchtern-Blutzucker	glycémie à jeun	fasting blood glucose
Nudeln	pâtes (f, pl)	pasta
Obst	fruits (m, pl)	fruit
Obstsäfte	jus (m, pl) de fruits	fruit juices
Reis	riz (m)	rice
Retinopathie	rétinopathie (f) diabétique	retinopathy
Selbstkontrollen	auto-controle	self controls
Spätmahlzeit	repas tardif	a late meal
Auf welcher Station liegen Sie?	Dans quel service êtes-vous hospitalisé?	Which ward are you in?

Diabetesberatung

Stoffwechsel-entgleisung	trouble (m) du métabolisme	metabolism disorder
Tabletten	comprimés (m, pl)	tablets
Nehmen Sie **Tabletten**?	Prenez-vous des comprimés?	Do you take any tablets?
Tagesprofil	profil/courbe journalière	daily routine
Teststreifen	bandelette réactive	dip and read test strip
Übergewicht	obésité (f)	overweight
Überzucker	hyperglycémie (f)	higher than normal levels of glucose (hyperglycemia)
Unterzucker	hypoglycémie (f)	lower than normal levels of glucose (hypoglycemia)
Urinzucker	glucosurine	urine sugar
Was essen Sie zu den **Zwischenmahlzeiten**?	Que mangez-vous entre les repas?	What do you eat between meals?
Essen Sie regelmäßig Ihre **Zwischen-mahlzeiten**?	Prenez-vous régulièrement vos en-cas?	Do you eat regulary between meals?

EKG	électrocardiogramme = ECG	ECG
Bitte machen Sie Ihren **Oberkörper** frei.	Dégagez le haut du corps.	Could you please strip the waist?
Bitte **ruhig** und entspannt liegen bleiben, nicht bewegen.	Restez allongé décontracté et immobile.	Try to lie as calmly as possible. Try not to move.
Waren Sie schon einmal bei uns?	C'est la première fois que vous venez chez nous?	Have you been here before?

Bitte bleiben Sie noch hier; der **Arzt** möchte mit Ihnen sprechen.	Attendez un instant; le médecin veut vous parler.	Please wait here, the doctor would like a word with you.
Bitte ruhig durch die Nase **atmen** und den Speichel laufen lassen.	Respirer calment par le nez et laisser couler la salive.	Please breathe through your nose and let your saliva dribble.
Haben Sie den **Aufklärungsbogen** durchgelesen und unterschrieben?	Avez-vous lu et signé la fiche d'information?	Have you read and signed the information leaflet?
Ihr Hausarzt bekommt den **Befund** zugeschickt.	Nous enverrons les résultats à votre médecin traitant.	Your GP will be sent the diagnosis.
Beim **Einführen** des Gerätes: Bitte schlucken Sie.	à l'introduction de l'appareil: trière d'avaler	When we insert the apparatus, please try to swallow.
ERCP	CPRE	ERCP
Bitte mit dem **Essen** und Trinken eine Stunde warten.	Attendez une heure avant de manger et de boire.	Please wait an hour before you eat or drink anything.
Gastroskopie	gastroscopie	gastroscopy
Ihr **Hausarzt** bekommt den Befund zugeschickt.	Nous enverrons les résultats à votre médecin traitant.	Your GP will be sent the diagnosis.
Sie können jetzt nach **Hause** gehen.	Vous pouvez rentrer chez vous.	You are now free to go home.
Bitte **legen** Sie sich auf die linke Seite.	Allongez-vous sur le côté gauche.	Please lie on your left side.
Versuchen Sie bitte, die **Luft** während der Untersuchung zu halten.	Essayez de retenir votre souffle pendant l'examen.	Please try to hold your breath during the examination.

Gastroskopie

Bitte den **Mund** weit aufmachen und auf das Mundstück beißen.	Ouvrir largement la bouche et mordre l'embout.	Please open your mouth as wide as possible and chew on the mouth piece.
Zur **Rachen-betäubung**: Bitte machen Sie den Mund weit auf, bitte schlucken!	Concernant l'anaesthésie du palais: ouvrez très grand la bouche, avalez.	Throat anaesthetic: Please open your mouth as wide as possible ... please swallow.
Bei **Sedierung**: Sie müssen noch eine Stunde bei uns bleiben. Können Sie abgeholt werden?	Vous devez rester encore pendant une heure. Quelqu'un peut-il venir vous chercher?	After sedation: You will have to stay here for another hour. Can someone pick you up?
Bitte mit dem Essen und **Trinken** eine Stunde warten.	Attendez une heure avant de manger et de boire.	Please do not eat or drink anything for at least an hour.
Nach der **Untersuchung**: Bitte setzen Sie sich auf und spucken Sie den restlichen Speichel in den Zellstoff.	Après examen: Asseyez-vous et crachez le reste de salive.	After the examination: Could you please sit up and spit the rest of the saliva into the tissue.
Waren Sie schon einmal bei uns?	C'est la première fois que vous venez chez nous?	Have you been here before?

Herzecho	échographie cardiaque	heartecho
Bitte machen Sie Ihren **Oberkörper** frei.	Dégagez la poitrine.	Could you please strip to the waist?
Bitte legen Sie sich auf den **Rücken**.	Allongez-vous sur le dos.	Could you please lie on your back?
Waren Sie schon einmal bei uns?	C'est la première fois que vous venez chez nous?	Have you been here before?

Herzecho

Haben Sie den ganzen **Abführtee** getrunken?	Avez-vous bu toute la tisane laxative?	Have you drunk all the laxative tea?
Bitte bleiben Sie noch hier; der **Arzt** möchte mit Ihnen sprechen.	Attendez encore un moment; le médecin veut vous parler.	Please wait here, the doctor would like a word with you.
Haben Sie den **Aufklärungsbogen** durchgelesen und unterschrieben?	Avez-vous lu la feuille d'information et l'avez-vous signée?	Have you read and signed the information leaflet?
Ist es noch **auszuhalten**?	Est-ce encore supportable?	Can you bear this?
Ihr Hausarzt kriegt den **Befund** zugeschickt.	Nous enverrons les résultats à votre médecin.	The diagnoses will be sent to your GP.
Vor der Untersuchung bekommen Sie eine **Beruhigungsspritze**.	Avant l'examen on va vous injecter un calmant.	You will get a sedative before the examination.
Bitte **drehen** Sie sich auf den Rücken.	Tournez-vous sur le dos s'il vous plaît.	Could you roll onto your back, please?
Bitte tief **durchatmen**.	Respirez profondément.	Could you please breathe deeply?
Versuchen Sie, entspannt zu bleiben und ruhig **durchzuatmen**.	Essayez de rester décontracté et de respirer calmement.	Try to relax and breathe calmly.
Bitte machen Sie sich unten herum **frei**!	Déshabillez-vous (seulement le bas)!	Could you please strip from the waist down?
Sie können jetzt nach Hause **gehen**.	Vous pouvez rentrer chez vous.	You are now free to go home.
Koloskopie	coloscopie	coloscopy
Bitte **legen** Sie sich auf die linke Seite.	Allongez-vous sur le côté gauche.	Please lie on your left side.

Koloskopie

Bei **Sedierung**: Sie müssen noch eine Stunde bei uns bleiben. Können Sie abgeholt werden?	Lors d'une sédation: Vous devez rester là encore une heure. Quelqu'un peut-il venir vous chercher?	After sedation: You will have to stay here for another hour. Can someone pick you up?
Bitte **stellen** Sie die Beine an.	Veuillez repilier les jambes.	Could you please lean your leg here?
Nun beginnen wir mit der **Untersuchung**.	Maintenant nous commencons l'examen.	Now we will begin with the examination.
Während der **Untersuchung**: Durch die Luftzufuhr entstehen schmerzende Blähungen.	Pendant l'examen: l'introduction d'air provoque des ballonnements douloureux.	During the examination: As a result of the air supply you may have some painful winds.
Waren Sie schon einmal bei uns?	C'est la première fois que vous venez chez nous?	Have you been here before?

Können Sie bitte Ihren **Arm** frei machen?	Pouvez-vous dégager votre bras?	Please pull up your sleeve.
Müssen Sie die **Befunde** mitnehmen?	Devez-vous emmener les résultats?	Do you have to take the results/diagnosis with you?
Wir müßten Ihnen jetzt **Blut** abnehmen.	Nous devons vous faire une prise de sang.	We have to take some blood.
Wir nehmen Ihnen am Finger **Blut** ab.	Nous allons vous prélever du sang au bout du doigt.	We will take some blood from your finger.
Geben Sie mir bitte Ihre Hand, ich muß Ihnen am Finger **Blut** abnehmen!	Donnez votre main s'il vous plaît, je dois vous prendre du sang au bout du doigt.	Can I have your finger, please? I have to take some blood.
Das ist eine Zuckerlösung. Bitte trinken Sie sie und kommen Sie dann in ein bzw. zwei Stunden wieder zum **Blutabnehmen** zurück. Bitte in dieser Zeit nichts essen.	Voilà une solution sucrée que vous allez boire maintenant puis vous reviendrez ici dans 1 ou 2 heures pour une prise de sang. Ne mangez rien pendant ce laps de temps.	This is a sugar solution. Can you please drink it now? You should then return here to have your blood taken in one to two hours. Please don't eat anything in the meantime.
Wir machen Ihnen gleich noch ein Pflaster auf die **Blutentnahmestelle**.	Nous allons vous mettre un pansement à l'endroit de la prise de sang.	We will put a plaster on the spot shortly.
Drehen Sie bitte Ihren Kopf etwas zur Seite.	Tournez la tête légèrement de côté.	Please turn your head a little to the side.
Drücken Sie bitte hier drauf.	Appuyez là-dessus.	Please press here.
Machen Sie bitte eine **Faust**.	Faites le poing.	Please clench your fist.

Labor

Könnten Sie bitte diesen Tupfer **festhalten**?	Pourriez-vous appuyer sur ce petit tampon?	Could you please hold the swab tightly?
Jetzt gibt es einen kleinen Stich ins Ohr/ am **Finger**.	Vous allez sentir une légère piqûre à l'oreille/au doigt.	Now you will get a small prick in your ear/finger.
Labor	laboratoire	laboratory
Jetzt gibt es einen kleinen Stich ins **Ohr**/ am Finger.	Vous allez sentir une légère piqûre à l'oreille/au doigt.	Now you will get a small prick in your ear/finger.
Wir machen Ihnen gleich noch ein **Pflaster** auf die Blutentnahmestelle.	Nous allons vous mettre un pansement à l'endroit de la prise de sang.	We will put a plaster on the spot shortly.
Die **Toilette** ist nebenan.	Les W.C. sont à côté.	The toilet is next door.
Könnten Sie bitte diesen **Tupfer** festhalten?	Pourriez-vous appuyer sur ce petit tampon?	Could you please hold the swab?
Die **Untersuchung** ist beendet.	L'examen est terminé.	The examination is over.
Sie sollten noch **Urin** abgeben.	Vous devez encore donner un échantillon d'urine.	You still have to give a urine sample.
In diesem Behältnis sollten Sie 24 Stunden lang **Urin** sammeln. Den Behälter bitte lichtgeschützt aufbewahren.	Dans ce flacon vous allez récupérer vos urines pendant 24 heures. Conservez-le à l'abri de la lumière.	You have to collect urine over 24 hours. Keep the container away from direct sunlight.
Einen **Urinbecher** stellen wir in die Durchreiche. Sie können den Becher dorthin wieder zurückstellen.	Nous allons déposer un gobelet à urine dans le guichet. Vous l'y déposerez également.	We will place a urine sample container in the hatch. Put it back there when you are ready.

Ich muß die Haut etwas **aufrauhen**, damit guter Kontakt entsteht.	Je dois rendre votre peau un peu rugueuse pour qu'un bon contact s'établisse.	I'm afraid I have to rub your skin briskly to get good contact.
Langzeit-**EKG**	électrocardiogramme longue durée	long term ECG
Bitte nicht **elektrisch** rasieren.	Ne vous rasez pas au rasoir électrique.	Please shave only manually
Nun kleben wir die **Elektroden** an.	Maintenant nous allons poser les électrodes.	We will now attach the electrodes
Das **Gerät** muß 24 Stunden dran bleiben.	L'appareil doit rester 24 heures en place.	The machine has to remain 24 hours a day.
Langzeit-EKG	électrocardiogramme longue durée	long term ECG
Bitte achten Sie darauf, daß das Gerät nicht **naß** wird.	Faites bien attention de ne pas mouiller l'appareil.	Please be careful not to get the machine wet.
Bitte machen Sie Ihren **Oberkörper** frei.	Dégagez le haut du corps.	Could you please strip to the waist?
Waren Sie schon einmal bei uns?	Etiez-vous déjà chez nous?	Have you been here before?

Besteht bei Ihnen eine **Allergie**?	Êtes-vous allergique?	Do you have any allergies?
Der **Arzt** will noch mit Ihnen sprechen, warten Sie bitte.	Le médecin veut vous parler, attendez un instant s'il vous plaît.	The doctor would like a word with you, please wait here.
Sie dürfen wieder **aufstehen**, sich anziehen und draußen warten.	Vous pouvez vous lever, vous rhabiller puis attendre dehors.	You can get up now, dress yourself and wait outside.
Trinken Sie bitte den **Becher** leer.	Videz le gobelet s'il vous plaît.	Could you please finish the drink?
Drehen Sie sich auf die linke Seite.	Tournez-vous sur le côté gauche.	Please turn onto your left side.
Drehen Sie sich nach rechts und nehmen die Arme nach oben auf den Kopf.	Tournez-vous vers la droite et posez les mains sur la tête.	Please turn to the right and put your arms above your head.
Einatmen, nicht atmen, weiteratmen.	Inspirez, ne respirez plus, expirez.	Breathe in, hold your breath, breathe out.
Sie sind **fertig** und dürfen gehen.	Vous avez fini, vous pouvez partir.	You are finished now and are free to leave.
Es ist alles in Ordnung. Sie dürfen **gehen**.	Tout est bien. Vous pouvez partir.	Everything is all right. You can go home now.
Guten Tag. Waren Sie schon einmal bei uns zum Röntgen?	Bonjour! Avez-vous déjà passé en radio chez nous?	Good morning/ afternoon. Have you already been x-rayed here?
Schmuck bitte ausziehen, **Haarklammern** und Zahnprothese entfernen.	Otez vos bijoux, épingles à cheveux et prothèse dentaire.	Could you please take off any jewellery, hair clips and dentures?

Gehen Sie in **Kabine** Nr. 1.	Entrez dans la cabine numéro 1.	Please go to cubicle number 1.
Haben Sie Ihre **KV**-Karte dabei?	Avez-vous votre carte d'assurance maladie sur vous?	Do you have your health insurance card with you?
Legen Sie sich mit dem Rücken auf den Tisch.	Allongez-vous sur cette table sur le dos s'il vous plaît.	Please lie on your back.
Bleiben Sie ganz ruhig **liegen**, bewegen Sie sich nicht mehr und nehmen die Arme nach oben unter den Kopf.	Restez allongé sans bouger après avoir mis les bras sous la tête.	Please lie as calmly as possible. Do not move. Put your hands above your head.
Machen Sie den **Oberkörper** frei.	Dégagez le haut du corps.	Could you strip the waist?
Mit dem **Oberkörper** hier anlehnen und die Arme nach unten nehmen.	Appuyez les épaules ici et laissez tomber les bras.	Could you please rest the upper half of your body and keep your arms at your side?
Es ist alles in **Ordnung**. Sie dürfen gehen.	Tout est bien. Vous pouvez partir.	Everything is fine. You can leave now.
Nehmen Sie bitte **Platz**.	Prenez place.	Please sit down.
Röntgen	radiographie	x-ray
Haben Sie in einem anderen Krankenhaus oder einer Röntgen-praxis **Röntgenauf-nahmen** bekommen?	Avez-vous subi des radios dans un autre hôpital ou chez un radiologue?	Have you been x-rayed in another hospital or practice?
Nehmen Sie Tabletten für die **Schilddrüse**?	Prenez-vous des médicaments pour la thyroide?	Do you take any tablets for your thyroid?

Schmuck bitte ausziehen, Haarklammern und Zahnprothese entfernen.	Otez vos bijoux, épingles à cheveux et prothèse dentaire.	Could you please take off any jewellery, hair clips and dentures?
Besteht bei Ihnen eine **Schwangerschaft**?	Êtes-vous enceinte?	Are you pregnant?
Nehmen Sie **Tabletten** für die Schilddrüse?	Prenez-vous des médicaments pour la thyroide?	Do you take any tablets for your thyroid?
Gehen Sie jetzt bitte auf die **Toilette**.	Allez aux toilettes maintenant.	Could you please go to toilet?
Trinken Sie bitte den Becher leer.	Videz le gobelet s'il vous plaît.	Could you please finish the drink.
Schmuck bitte ausziehen, Haarklammern und **Zahnprothese** entfernen.	Otez vos bijoux, épingles à cheveux et prothèse dentaire.	Could you please take off any jewellery, hair clips and dentures?

Radiologie

Haben Sie **abgeführt**?	Avez-vous vidé votre intestin?	Have you been to the toilet?
Sie können sich wieder **anziehen**.	Vous pouvez vous rhabiller.	You can get dressed now.
Bitte bleiben Sie noch hier, der **Arzt** möchte noch mit Ihnen sprechen.	Attendez un instant, le médecin veut vous parler.	Please wait here, the doctor would like a word with you.
Haben Sie den **Aufklärungsbogen** durchgelesen und unterschrieben?	Avez-vous lu et signé le (formulaire) questionnaire d'information?	Have you read and signed the information leaflet?
Ihr Hausarzt bekommt den **Befund** zugeschickt.	Nous enverrons les résultats à votre médecin traitant.	The diagnoses will be sent to your GP.
Bitte legen Sie sich auf die linke Seite, Sie bekommen jetzt einen **Einlauf**.	Allongez-vous sur le côté gauche, on va faire un lavement.	Please lie on your left side. We will give you an enema.
Bitte den **Einlauf** ca. fünf Minuten anhalten und dann auf das WC gehen.	Retenez le lavement pendant 5 minutes puis allez aux W.C.	Try to hold the enema for about five minutes before going to the toilet.
Bitte **entspannen** Sie sich.	Détendez-vous.	Please try to relax.
Bitte machen Sie sich unten herum **frei**.	Dégagez le bas du corps s'il vous plaît.	Could you please strip from the waist down.
Sie können jetzt nach **Hause** gehen.	Vous pouvez rentrer chez vous.	You are now free to go home.

Bitte **knien** Sie auf den Untersuchungs- stuhl, beugen Sie sich nach vorne. Vorsicht, wir kippen den Stuhl nach unten.	Mettez-vous à genoux sur le fauteuil d'exa- men, penchez-vous en avant. Attention, nous allons basculer le siege vers le bas.	Please kneel on the examination stool. Then bend forward. Be careful we are going to tilt the stool.
Proktoskopie	proctoscopie	proctoscopy
Rektoskopie	rectoscopie	retinoscope
Waren Sie schon einmal bei uns?	Avez-vous déjà été chez nous?	Have you been here before?

Bitte machen Sie den **Bauch** frei.	Défaites vos vêtements.	Can I see your stomach please?
Bitte legen Sie sich auf den **Rücken**.	Allongez-vous sur le dos.	Could you please lie on your back?
Sonographie	échographie	ultrasonographie
Waren Sie schon einmal bei uns?	C'est la première fois que vous venez chez nous?	Have you been here before?

Français · Allemand

date de l'**accouchement**	Entbindungstermin
adiposité	Adipositas
adresse	Adresse
Vous faut-il de l'**aide** pour la toilette?	Brauchen Sie Hilfe beim Waschen?
Avez-vous besoin d'**aide**?	Benötigen Sie meine Hilfe?
Puis-je vous **aider**?	Kann ich Ihnen helfen?
alcool (m)	Alkohol
alimentation (f)	Ernährung
Êtes-vous allergique à des médicaments/des **aliments**?	Haben Sie Allergien gegen Medikamente/Nahrungsmittel?
Êtes-vous **allergique**?	Besteht bei Ihnen eine Allergie?
Êtes-vous **allergique** à des médicaments/des aliments?	Haben Sie Allergien gegen Medikamente/Nahrungsmittel?
Allongez-vous sur le côté gauche.	Bitte legen Sie sich auf die linke Seite.
Allongez-vous sur cette table sur le dos s'il vous plaît.	Legen Sie sich mit dem Rücken auf den Tisch.
Allongez-vous s'il vous plaît.	Bitte legen Sie sich hin.
ambulant	ambulant
Concernant l'**anaesthésie** du palais: ouvrez très grand la bouche, avalez.	Zur Rachenbetäubung: Bitte machen Sie den Mund weit auf, bitte schlucken.
annexes (f, pl)	Adnexe
bas (m, pl) **anti**-thrombose	Antithrombosestrümpfe
Le second thermomètre, vous l'introduisez avec la feuille en plastique dans l'**anus**.	Das zweite Thermometer führen Sie bitte mit der Folie in den After ein.

Vider la poche d'**anus**-contre.	Anusbeutel leeren
Avez-vous un **appareil** auditif?	Haben Sie ein Hörgerät?
L'**appareil** doit rester 24 heures en place.	Das Gerät muß 24 Stunden dran bleiben.
Maintenant je vais brancher quelques **appareils** de contrôle.	Ich werde jetzt einige Überwachungsgeräte anschließen.
Qu'est-ce qui vous **appartient**?	Was gehört Ihnen?
Comment va l'**appétit**?	Was ist mit dem Appetit?
Pourriez-vous **appuyer** sur ce petit tampon?	Könnten Sie bitte diesen Tupfer festhalten?
Appuyez là s'il vous plaît.	Drücken Sie bitte hier drauf.
aspirer	absaugen
Asseyez-vous s'il vous plaît.	Setzen Sie sich bitte.
Le médecin va vous **ausculter**.	Der Arzt wird Sie untersuchen.
auto-controle	Selbstkontrollen
Avez-vous déjà été opéré?	Wurden Sie schon einmal operiert?
Avez-vous déjà fait un séjour à l'hôpital?	Waren Sie schon einmal im Krankenhaus?
risque d'**avortement**	drohender Abort
creux (m) **axillaire**	Achselhöhle
Prenez la température rectale/**axillaire**.	Messen Sie bitte rektal/axillar.
Avez-vous des **bagages**?	Haben Sie Gepäck?
bain de pieds	Fußbad
bain de siège	Sitzbad
bandelette réactive	Teststreifen

mettre des **bas** propres	frische Strümpfe anziehen
bassin	Bettschieber
Si vous avez besoin d'un **bassin** (urinal) dites-le moi.	Sollten Sie eine Pfanne (Flasche) benötigen, sagen Sie es mir bitte.
Tout est **bien**. Vous pouvez partir.	Es ist alles in Ordnung. Sie dürfen gehen.
bijoux (m, pl)	Schmuck
Otez vos **bijoux**, épingles à cheveux et prothèse dentaire.	Schmuck bitte ausziehen, Haarklammern und Zahnprothese entfernen.
biscotte (f)	Zwieback
Beaucoup **boire**.	Bitte viel trinken.
donner à **boire**	zu trinken geben
Attendez une heure avant de manger et de **boire**.	Bitte mit dem Essen und Trinken eine Stunde warten.
Bonjour, je m'appelle ... (oder für die Ordensschwestern: soeur ...)	Guten Tag, ich bin Schwester ...
Bonjour! Je suis soeur ... Je vais vous conduire dans le service. Fauteuil roulant?	Guten Tag, ich bin Sr. ... und möchte Sie gern auf Station abholen. Rollstuhl?
Bonjour! Avez-vous déjà passé en radio chez nous?	Guten Tag. Waren Sie schon einmal bei uns zum Röntgen?
Ouvrez la **bouche** s'il vous plaît.	Mund aufmachen, bitte.
Ouvrir largement la **bouche** et mordre l'embout.	Bitte den Mund weit aufmachen und auf das Mundstück beißen.
Tendez les **bras** s'il vous plaît.	Die Arme ausstrecken, bitte.
Donnez-moi votre **bras** droit/ gauche.	Geben Sie mir bitte den rechten/ linken Arm.
Mettez le thermomètre sous le **bras** s'il vous plaît.	Bitte legen Sie das Thermometer unter den Arm.

Pouvez-vous dégager votre **bras**?	Können Sie bitte Ihren Arm frei machen?
Entrez dans la **cabine** numéro 1.	Gehen Sie in Kabine Nr. 1.
caisse maladie	Krankenkasse
Voici votre **calmant**.	Sie bekommen das verordnete Beruhigungsmittel.
Avez-vous besoin d'un **calmant** (antalgique)?	Benötigen Sie ein Schmerzmittel?
Avant l'examen on va vous injecter un **calmant**.	Vor der Untersuchung bekommen Sie eine Beruhigungsspritze.
cancer de l'uterus	Corpus CA
cancer du col de l'uterus	Cervix CA
cancer (m) de l'ovaire (m)	Ovarialcarcinom
Avez-vous une **canne**?	Haben Sie einen Gehstock?
poser une **canule**/sonde intestinale	Darmrohre legen
Avez-vous votre **carte** d'assurance maladie sur vous?	Haben Sie Ihre KV-Karte dabei?
catheter court avec obtua	Viggo
catheter court	Braunüle
catheter sus-pubien	Suprabubischer Katheter
Le médecin va vous poser un **cathéter**.	Der Arzt wird Ihnen jetzt einen Katheter legen.
cellulose (f)	Zellstoff
chaise percée (f)	Nachtstuhl
Est-ce que vous voulez une **chaise** percée/un urinal?	Brauchen Sie einen Nachtstuhl/eine Urinflasche?
Nous allons vous ramener dans votre **chambre**.	Sie kommen wieder auf Ihr Zimmer zurück.

changement de position	Umlagerung
Avant votre sortie veuillez régler les frais à votre **charge** et le téléphone.	Vor der Entlassung bitte den Eigenanteil und das Telefon bezahlen.
chemise (f) pour opération	OP-Hemd
laver les **cheveux**	Haare waschen
chimiothérapie (f)	Chemotherapie
coloscopie	Koloskopie
coma (m) diabétique	diabetisches Koma
Comment vous appelez-vous?	Wie heißen Sie?
Comment ça va?	Wie geht es Ihnen?
Comment allez-vous?	Wie geht es Ihnen?
jour de **communion**	Kommunionstag
Prendre les **comprimés** après le repas.	Tabletten bitte nach dem Essen einnehmen.
comprimés (m, pl)	Tabletten
Prenez-vous des **comprimés**?	Nehmen Sie Tabletten?
Dégagez le haut du **corps**.	Bitte machen Sie Ihren Oberkörper frei.
Dégagez le bas du **corps** s'il vous plaît.	Machen Sie bitte den Unterkörper frei.
Tournez-vous sur le **côté**.	Drehen Sie sich bitte auf die Seite.
CPRE	ERCP
cuisine (f)	Küche
cuvette	Waschschüssel
Dégagez le haut du **corps**.	Machen Sie den Oberkörper frei.
date de naissance	Geburtsdatum

Dégagez le haut du corps.	Bitte machen Sie Ihren Oberkörper frei.
Dégagez le bas du corps s'il vous plaît.	Bitte machen Sie sich unten herum frei.
Déglutissez à fond s'il vous plaît.	Fest schlucken bitte.
De quoi se compose votre **déjeuner**?	Wie sieht Ihr Mittagessen aus?
prothèse **dentaire** (f)	Zahnprothese
Avez-vous un **dentier**?	Haben Sie ein Gebiß?
Déshabillez-vous complètement.	Ziehen Sie sich bitte ganz aus.
Déshabillez-vous (seulement le bas)!	Bitte machen Sie sich unten herum frei!
Détendez-vous.	Bitte entspannen Sie sich.
diabète (m) sucrè	Diabetes mellitus
Êtes-vous **diabétique**?	Sind Sie Diabetiker/-in?
Que mangez-vous au **diner**?	Was essen Sie zum Abendessen?
Voici le **docteur** ...	Dies ist Dr. ..., unser Arzt.
Vous allez sentir une légère piqûre à l'oreille/au **doigt**.	Jetzt gibt es einen kleinen Stich ins Ohr/am Finger.
domicile	Wohnort
Donnez-moi votre bras droit/ gauche.	Geben Sie mir bitte den rechten/ linken Arm.
Avez-vous bien **dormi**?	Haben Sie gut geschlafen?
Allongez-vous sur le **dos**.	Bitte legen Sie sich auf den Rücken.
Avez-vous des **douleurs**? Où?	Haben Sie Schmerzen? Wo?
drain (m)	Wunddrainage
échographie	Sonographie

échographie abdominale	Oberbauchsono
échographie cardiaque	Herzecho
échographie (f) gynécologique	Gyn-Sono
Voilà des **écouteurs**. Les infos, de la musique et la messe sont retransmis.	Das ist ein Kopfhörer. Nachrichten, Musik und Heilige Messe werden übertragen.
écran	Monitor
Ne vous rasez pas au rasoir **électrique**.	Bitte nicht elektrisch rasieren.
électrocardiogramme = ECG	EKG
On va faire un **électro-cardiogramme**.	Ein EKG wird geschrieben.
électrocardiogramme longue durée	Langzeit-EKG
Maintenant nous allons poser les **électrodes**.	Nun kleben wir die Elektroden an.
élève infirmier	Krankenpflegeschüler
Prenez-vous régulièrement vos **en-cas**?	Essen Sie regelmäßig Ihre Zwischenmahlzeiten?
Êtes-vous **enceinte**?	Besteht bei Ihnen eine Schwangerschaft?
Combien d'**enfants** avez-vous?	Wieviel Kinder haben Sie?
entretien (m)	Besprechung
Appuyez les **épaules** ici et laissez tomber les bras.	Mit dem Oberkörper hier anlehnen und die Arme nach unten nehmen.
Otez vos bijoux, **épingles** à cheveux et prothèse dentaire.	Schmuck bitte ausziehen, Haarklammern und Zahnprothese entfernen.
Là vous avez une **étagère** pour vos affaires de toilette.	Hier ist die Ablage für Waschutensilien.

Étiez-vous déjà chez nous?	Waren Sie schon einmal bei uns?
examen (m) médical	Untersuchung
Vous allez subir un **examen**.	Sie haben eine Untersuchung.
Suivez-moi pour aller subir votre **examen**.	Gehen Sie bitte mit zur Untersuchung.
L'**examen** est terminé.	Die Untersuchung ist beendet.
Pendant l'**examen**: l'introduction d'air provoque des ballonnements douloureux.	Während der Untersuchung: Durch die Luftzufuhr entstehen schmerzende Blähungen.
Maintenant nous commencons l'**examen**.	Nun beginnen wir mit der Untersuchung.
Après **examen**: Asseyez-vous et crachez le reste de salive.	Nach der Untersuchung: Bitte setzen Sie sich auf und spucken Sie den restlichen Speichel in den Zellstoff.
Avez-vous des **expectorations** (des crachats)?	Haben Sie Auswurf?
extrême-onction (f)	Krankensalbung
Avez-vous **faim**?	Haben Sie Hunger?
Avez-vous de la **famille**?	Haben Sie Angehörige?
Êtes-vous **fatigué**?	Sind Sie müde?
Avez-vous déjà fait une **fausse**-couche?	Hatten Sie schon eine Fehlgeburt?
Je vais vous amener en **fauteuil** roulant.	Ich fahre Sie mit dem Rollstuhl.
fièvre (f)	Fieber
Vous avez **fini**, vous pouvez partir.	Sie sind fertig und dürfen gehen.
Toutes les questions du **formulaire** d'admission.	Alle Fragen des Aufnahmebogens.

fruits (m, pl)	Obst
ganglion (m) lymphatique	Lymphknoten
gant (m) de toilette	Waschlappen
Je vous apporte de quoi vous **gargariser**.	Ich bringe Ihnen was zum Gurgeln.
gastroscopie	Gastroskopie
laver les parties **génitales** dans le lit	Genitalabspülung im Bett
glucides (m, pl) oder hydrates de carbone	Kohlenhydrate
glycémie (f)	Blutzucker
Depuis quand avez-vous une **glycémie**?	Seit wann haben Sie Blutzucker?
Quel est votre taux de **glycémie**?	Wie hoch ist Ihr Blutzucker?
appareil à **glycémie**	Blutzuckermeßgerät
taux (m) de **glycémie**	Blutzuckerwert
contrôle de la **glycémie**	Blutzuckerselbstkontrolle
Contrôlez-vous votre **glycémie** vous-même?	Machen Sie Blutzuckerselbstkontrolle?
Quand contrôlez-vous votre **glycémie**?	Wann machen Sie Blutzuckerselbstkontrolle?
glycémie à jeun	Nüchtern-Blutzucker
Videz le **gobelet** s'il vous plaît.	Trinken Sie bitte den Becher leer.
Avez-vous mal à la **gorge**?	Haben Sie Halsschmerzen?
A combien de semaines de **grossesse** êtes-vous?	In der wievielten Schwangerschaftswoche sind Sie?
gymnastique (f) médicale	Krankengymnastik
échographie (f) **gynécologique**	Gyn-Sono

Où **habitez**-vous?	Wo wohnen Sie?
Habitez-vous seul?	Wohnen Sie alleine?
Quelles sont vos **habitudes** à la maison?	Wie sind Ihre Gewohnheiten zu Hause?
Avez-vous déjà fait un séjour à l'**hôpital**?	Waren Sie schon einmal im Krankenhaus?
12 unités d'**hydrate** de carbone sont 1 unité de raleur (diabète)	12 Kohlenhydrate sind 1 BE
hyperglycémie (f)	Hyperglykämie (Überzucker)
hypoglycémie (f)	Hypoglykämie (Unterzucker)
Voilà des écouteurs. Les **infos**, de la musique et la messe sont retransmis.	Das ist ein Kopfhörer. Nachrichten, Musik und Heilige Messe werden übertragen.
Avez-vous déjà suivi un cours d'**information** sur le diabète?	Haben Sie schon eine Diabetesschulung mitgemacht?
Avez-vous lu et signé la fiche d'**information**?	Haben Sie den Aufklärungsbogen durchgelesen und unterschrieben?
Avez-vous lu la feuille d'**information** et l'avez-vous signée?	Haben Sie den Aufklärungsbogen durchgelesen und unterschrieben?
informations concernant l'anesthésie	Narkoseinformation
infusomat ou pompe à perfusion	Infusomat
inhalateur (m)	Inhalierer
faire une **injection**	spritzen
insuline (f)	Insulin
Faites-vous des piqûres d'**insuline**?	Spritzen Sie Insulin?
Combien d'unités d'**insuline** injectez-vous?	Wieviel Einheiten Insulin spritzen Sie?
injection d'**insuline**	Insulinspritzen

insulino-dependant = DID	insulinabhängig = Typ I Diabetiker
lavement **intestinal**	Darm spülen
poser une canule/sonde **intestinale**	Darmrohre legen
soins **intimes**/toilette **intime**	Intimpflege
à l'**introduction** de l'appareil: avalez s'il vous plaît.	Beim Einführen des Gerätes: Bitte schlucken Sie.
Levez la **jambe** s'il vous plaît.	Das Bein hoch heben bitte.
Montrez-moi votre **jambe** droite/gauche.	Zeigen Sie mir bitte das rechte/linke Bein.
jambes (f, pl)	Beine
à **jeun**	nüchtern
Demain vous devez rester à **jeun**.	Morgen müssen Sie nüchtern bleiben.
Joule	KJ
jus (m, pl) de fruits	Obstsäfte
Kcal	Kcal
Kiosque (m)	Kiosk
laboratoire (m)	Labor
Tirez la **langue** s'il vous plaît.	Zeigen Sie bitte die Zunge.
Souhaitez vous un coussin de **latéralisation**.	Möchten Sie ein Lagerungskissen?
lavement (m)	Einlauf
Allongez-vous sur le côté gauche, on va faire un **lavement**.	Bitte legen Sie sich auf die linke Seite, Sie bekommen jetzt einen Einlauf.
Retenez le **lavement** pendant 5 minutes puis allez aux W.C.	Bitte den Einlauf ca. fünf Minuten anhalten und dann auf das WC gehen.

Pourriez-vous m'aider à me **laver**.	Bitte helfen Sie mir beim Waschen.
laver les cheveux	Haare waschen
Avez-vous bu toute la tisane **laxative**?	Haben Sie den ganzen Abführtee getrunken?
lentilles (f, pl) de contact	Kontaktlinsen
Vous pouvez vous **lever**, vous rhabiller puis attendre dehors.	Sie dürfen wieder aufstehen und sich anziehen und draußen warten.
Levez la jambe s'il vous plaît.	Das Bein hochheben, bitte.
Levez le bras gauche s'il vous plaît.	Heben Sie bitte den linken Arm.
lieu de naissance	Geburtsort
lipides (m, pl)	Fett
Voici votre **lit**.	Hier ist Ihr Bett.
Levez-vous s'il vous plaît, je voudrais faire le **lit**.	Stehen Sie bitte auf, ich möchte das Bett machen.
Nous vous ramenons dans votre **lit**.	Wir begleiten Sie in Ihr Bett.
Vous devez rester au **lit**.	Sie müssen im Bett bleiben.
repos au **lit**	strenge Bettruhe
électrocardiogramme **longue** durée	Langzeit-EKG
lunettes (f, pl)	Brille
Avez-vous des **lunettes**?	Haben Sie eine Brille?
à la **maison**	nach Hause
Où avez-vous **mal**?	Wo haben Sie Schmerzen?
Quand avez-vous **mangé** pour la dernière fois?	Wann war die letzte Nahrungsaufnahme?
Pouvez-vous **manger** de tout?	Können Sie alles essen?
Que désirez-vous **manger**?	Was möchten Sie essen?

Attendez une heure avant de **manger** et de boire.	Bitte mit dem Essen und Trinken eine Stunde warten.
Attendez un instant; le **médecin** veut vous parler.	Bitte bleiben Sie noch hier; der Arzt möchte mit Ihnen sprechen.
Nous enverrons les résultats à votre **médecin** traitant.	Ihr Hausarzt bekommt den Befund zugeschickt.
Attendez encore un moment; le **médecin** veut vous parler.	Bitte bleiben Sie noch hier; der Arzt möchte mit Ihnen sprechen.
médecin habituel/médecin de famille	Hausarzt
Le **médecin** arrive tout de suite.	Der Arzt kommt gleich.
Le **médecin** va venir vous parler.	Der Arzt spricht noch mit Ihnen.
Le **médecin** veut vous parler, attendez un instant s'il vous plaît.	Der Arzt will noch mit Ihnen sprechen, warten Sie bitte.
Quels **médicaments** prenez-vous?	Was nehmen Sie für Medikamente ein?
Êtes-vous allergique à des **médicaments**/des aliments?	Haben Sie Allergien gegen Medikamente/Nahrungsmittel?
Prenez-vous régulièrement des **médicaments**?	Nehmen Sie regelmäßig Medikamente ein?
Prenez-vous des **médicaments** pour la thyroide?	Nehmen Sie Tabletten für die Schilddrüse?
parents/**membres** de la famille	Angehörige
Voilà des écouteurs. Les infos, de la musique et la **messe** sont retransmis.	Das ist ein Kopfhörer. Nachrichten, Musik und Heilige Messe werden übertragen.
Nous allons vous **mesurer**.	Wir werden Ihre Größe messen.
Montrez-moi votre jambe droite/gauche.	Zeigen Sie mir bitte das rechte/linke Bein.

Faites bien attention de ne pas **mouiller** l'appareil.	Bitte achten Sie darauf, daß das Gerät nicht naß wird.
Voilà des écouteurs. Les infos, de la **musique** et la messe sont retransmis.	Das ist ein Kopfhörer. Nachrichten, Musik und Heilige Messe werden übertragen.
nationalité	Nationalität
Avez-vous des **nausées**?	Haben Sie Übelkeit?
nephropathie	Nephropathie
affection des **neurologique**	Nervenerkrankung
neuropathie (f)	Neuropathie
nom	Name
Quel est votre **nom**?	Wie lautet Ihr Name?
chemise (f) de **nuit**	Nachhemd
obésité (f)	Übergewicht
chemise (f) pour **opération**	OP-Hemd
préparation à l'**opération**	OP-Vorbereitung
Quelle **opération** va être pratiquée? evtl. quel côté?	Was für eine Operation wird durchgeführt? evtl. welche Seite?
L'**opération** est finie.	Die Operation ist vorbei.
Vous allez sentir une légère piqûre à l'**oreille**/au doigt.	Jetzt gibt es einen kleinen Stich ins Ohr/am Finger.
envoyer de l'**oxygène**	Sauerstoff zuführen
changement de **pansement**	Verbandwechsel
Nous allons vous mettre un **pansement** à l'endroit de la prise de sang.	Wir machen Ihnen gleich noch ein Pflaster auf die Blutentnahmestelle.
parler avec la visite	mit Besuch sprechen

Le médecin va venir vous **parler**.	Der Arzt spricht noch mit Ihnen.
Tout est bien. Vous pouvez **partir**	Es ist alles in Ordnung. Sie dürfen gehen.
pâtes (f, pl)	Nudeln
pédicure (f)	Fußpflege
peignoir	Bademantel
perfuseur	Perfusor
perfusion (f)	Infusion
perruque (f)	Haarperücke
personne accompagnante	Mitpatient
Nous allons vous **peser**.	Wir werden Sie jetzt wiegen.
Que mangez-vous au **petit**-déjeuner?	Was essen Sie zum Frühstück?
pieds (m, pl)	Füße
piqûre	Spritze
Je dois vous préparer pour l'examen/vous faire une **piqûre**.	Ich muß Sie für die Untersuchung vorbereiten/Ihnen eine Spritze geben.
Avez-vous eu la **piqûre** (ou le comprimé) de prémédication?	Haben Sie die Prämedikationsspritze oder -tablette erhalten?
Voici votre **placard**.	Hier ist Ihr Schrank.
Prenez **place**.	Nehmen Sie bitte Platz.
Veuillez **plier** les jambes.	Bitte stellen Sie die Beine an.
Faites le **poing**.	Machen Sie bitte eine Faust.
Dégagez la **poitrine**.	Machen Sie bitte den Oberkörper frei.
pommes de terre (f, pl)	Kartoffeln
infusomat ou **pompe** à perfusion	Infusomat
porte (f)/réception (f)	Pforte

position latérale	Seitenlagerung
pouls (m)	Puls
Je vais prendre votre **pouls**.	Ich möchte bei Ihnen den Puls messen.
Maintenant je vais vous prendre le **pouls** et la tension.	Ich werde Ihnen jetzt den Puls und den Blutdruck messen.
Prenez place s'il vous plaît.	Bitte setzen Sie sich.
Prenez la température rectale/axillaire.	Messen Sie bitte rektal/axillar.
prénom	Vorname
préparation à l'opération	OP-Vorbereitung
Je dois vous **préparer** pour l'examen/vous faire une piqûre.	Ich muß Sie für die Untersuchung vorbereiten/Ihnen eine Spritze geben.
Pression veineuse centrale (P.V.C.)	Z.V.D. messen
prêtre (m)	Geistlicher
proctoscopie	Proktoskopie
produits (m, pl) lactés	Milchprodukte
profession	Beruf
Quelle est votre **profession**?	Was für einen Beruf haben Sie?
profil/courbe journalière	Tagesprofil
Qu'elle est votre activité **professionelle**?	Was arbeiten Sie?
Le médecin vous autorise à vous **promener** dans le parc.	Der Arzt erlaubt Ihnen im Patientengarten spazieren zu gehen.
protéine (f)	Eiweiß
Avez-vous une **prothèse** dentaire? L'avez-vous enlevée?	Tragen Sie eine Zahnprothese? Ist sie entfernt?

Otez vos bijoux, épingles à chevaux et **prothèse** dentaire.	Schmuck bitte ausziehen, Haarklammern und Zahnprothese entfernen.
mettez votre **pyjama** s'il vous plaît.	Bitte ziehen Sie den Pyjama an.
Mettez-vous en **pyjama**/chemise de nuit.	Ziehen Sie bitte Ihren Schlafanzug/ Ihr Nachthemd an.
Qu'est-ce qui ne va pas?	Was haben Sie für Beschwerden?
Avez-vous lu et signé le (formulaire) **questionnaire** d'information?	Haben Sie den Aufklärungsbogen durchgelesen und unterschrieben?
On va vous conduire à la **radio**.	Sie werden nun zum Röntgen gebracht.
radiographie	Röntgen
radiographier	röntgen
raser	rasieren
Pourriez-vous m'aider à me **raser**.	Bitte helfen Sie mir beim Rasieren.
Prenez la température **rectale**/ axillaire.	Messen Sie bitte rektal/axillar.
changer le **redon**	Redon wechseln
Devez-vous suivre un **régime** particulier?	Müssen Sie eine bestimmte Diät einhalten?
Avant votre sortie veuillez **régler** les frais à votre charge et le téléphone.	Vor der Entlassung bitte den Eigenanteil und das Telefon bezahlen.
Quelle est la date de vos dernières **règles**?	Wann war die letzte Periode?
rein (m)	Niere
renseignements (m, pl) personnels	Personalienangabe
Vous pouvez **rentrer** chez vous.	Sie können jetzt nach Hause gehen.

repas tardif	Spätmahlzeit
Que mangez-vous entre les **repas**?	Was essn Sie zu den Zwischenmahlzeiten?
reposez-vous d'abord	Ruhen Sie sich zuerst aus.
Vous avez du mal à **respirer**?	Bekommen Sie schlecht Luft?
Respirer calmement par le nez et laisser couler la salive.	Bitte ruhig durch die Nase atmen und den Speichel laufen lassen.
Essayez de rester décontracté et de **respirer** calmement.	Versuchen Sie, entspannt zu bleiben und ruhig durchzuatmen.
Est-ce que vous **respirez** bien?	Bekommen Sie gut Luft?
Respirez profondément.	Bitte tief durchatmen.
Vous devez **rester** encore pendant une heure. Quelqu'un peut-il venir vous chercher?	Bei Sedierung: Sie müssen noch eine Stunde bei uns bleiben. Können Sie abgeholt werden?
Restez allongé sans bouger après avoir mis les bras sous la tête.	Bleiben Sie ganz ruhig liegen, bewegen Sie sich nicht mehr und nehmen Sie Arme nach oben unter den Kopf.
Restez allongé décontracté et immobile.	Bitte ruhig und entspannt liegen bleiben, nicht bewegen.
Restez couché s'il vous plaît. Vous ne devriez plus vous lever.	Bitte bleiben Sie liegen. Sie sollten nicht mehr aufstehen.
Nous enverrons les **résultats** à votre médecin traitant.	Ihr Hausarzt bekommt den Befund zugeschickt.
Devez-vous emmener les **résultats**?	Müssen Sie die Befunde mitnehmen?
rétinopathie (f) diabétique	Ritinopathie
riz (m)	Reis
Vous pouvez vous **rhabiller**.	Sie können sich wieder anziehen.
rue	Straße

Je dois rendre votre peau un peu **rugueuse** pour qu'un bon contact s'établisse.	Ich muß die Haut etwas aufrauhen, damit guter Kontakt entsteht.
Avez-vous des **saignements**? (Aussi intenses que pendant les règles ou moins intenses?)	Haben Sie vaginale Blutung? (Periodenstark oder weniger?)
salle (f) du service	Stationszimmer
Prenez place dans la **salle** d'attente. On vous appellera.	Setzen Sie sich bitte in das Wartezimmer. Sie werden aufgerufen.
Vous êtes dans la **salle** de réveil.	Sie sind im Aufwachraum.
salutations	Begrüßung
prise (f) de **sang**	Blutentnahmen
Nous devons vous faire une prise de **sang**.	Wir müßten Ihnen jetzt Blut abnehmen.
Nous allons vous prélever du **sang** au bout du doigt.	Wir nehmen Ihnen am Finger Blut ab.
Donnez votre main s'il vous plaît, je dois vous prendre du **sang** au bout du doigt.	Geben Sie mir bitte Ihre Hand, ich muß Ihnen am Finger Blut abnehmen.
Voilà une solution sucrée que vous allez boire maintenant puis vous reviendrez ici dans 1 ou 2 heures pour une prise de **sang**. Ne mangez rien pendant ce laps de temps.	Das ist eine Zuckerlösung. Bitte trinken Sie sie und kommen dann in ein bzw. zwei Stunden wieder zum Blutabnehmen zurück. Bitte in dieser Zeit nichts essen.
Nous allons vous mettre un pansement à l'endroit de la prise de **sang**.	Wir machen Ihnen gleich noch ein Pflaster auf die Blutentnahmestelle.
Lors d'une **sédation**: Vous devez rester là encore une heure. Quelqu'un peut-il venir vous chercher?	Bei Sedierung: Sie müssen noch eine Stunde bei uns bleiben. Können Sie abgeholt werden?
Êtes-vous allé à la **selle**? Quand?	Hatten Sie Stuhlgang? Wann zuletzt?

Êtes-vous allé à la **selle** hier?	Hatten Sie gestern Stuhlgang?
Quand êtes-vous allé à la **selle** pour la dernière fois?	Wann hatten Sie den letzten Stuhlgang?
Devez-vous aller à la **selle**?	Müssen Sie auf den Topf?
séquelles (f, pl)	Folgeschäden
séquelles (f, pl) du diabète	diabetische Folgeschäden
Dans quel **service** êtes-vous hospitalisé?	Auf welcher Station liegen Sie?
serviette (f) de toilette	Handtuch
serviettes (f, pl) hygiéniques	Damenbinden
slip (m)	Schlüpfer
slip péridoque (m)	Netzhosen
sonde (f) urinaire	Blasenkatheter
Avez-vous **soif**?	Haben Sie Durst?
Soif – que voulez-vous boire?	Durst – was möchten Sie trinken?
Désirez-vous un **somnifère**?	Benötigen Sie ein Schlafmittel?
Voici la **sonnette** pour appeler l'infirmiere.	Hier ist die Schwesternrufanlage, melden Sie sich bitte, wenn Sie Hilfe brauchen.
Avant votre **sortie** veuillez régler les frais à votre charge et le téléphone.	Vor der Entlassung bitte den Eigenanteil und das Telefon bezahlen.
Êtes-vous **soucieux**?	Haben Sie eine innere Unruhe?
Essayez de retenir votre **souffle** pendant l'examen.	Versuchen Sie bitte die Luft während der Untersuchung zu halten.
spécialiste	Facharzt
stationnaire	stationär

Est-ce encore **supportable**?	Ist es noch auszuhalten?
Voici votre **table** de nuit.	Hier ist Ihr Nachttisch.
Désirez-vous le **téléphone**/ la télévision?	Möchten Sie Telefon/Fernseher?
Avant votre sortie veuillez régler les frais à votre charge et le **téléphone**.	Vor der Entlassung bitte den Eigenanteil und das Telefon bezahlen.
numéro de **téléphone**	Telefonnummer
Quel est votre numéro de **téléphone**?	Wie ist Ihre Telefonnummer?
Pour **téléphoner** composer le zéro, attendre la tonalité puis faire le préfixe suivi du numéro.	Zum Telefonieren die 0 wählen, auf Freizeichen warten, danach Vorwahl und Telefonnummer.
Désirez-vous le téléphone/ la **télévision**?	Möchten Sie Telefon/Fernseher?
Je vais prendre votre **température** (rectale).	Ich möchte bei Ihnen die Temperatur (rektal) messen.
Tendez les bras s'il vous plaît.	Die Arme ausstrecken bitte.
tension (f)	Blutdruck
Je vais prendre votre **tension**.	Ich möchte bei Ihnen den Blutdruck messen.
Maintenant je vais vous prendre le pouls et la **tension**.	Ich werde Ihnen jetzt den Puls und den Blutdruck messen.
Voulez-vous la **tête** plus haute ou plus basse?	Möchten Sie höher oder tiefer liegen?
Avez-vous des maux de **tête**?	Haben Sie Kopfschmerzen?
Mettez le **thermomètre** sous le bras s'il vous plaît.	Bitte legen Sie das Thermometer unter den Arm.
Le second **thermomètre**, vous l'introduisez avec la feuille en plastique dans l'anus.	Das zweite Thermometer führen Sie bitte mit der Folie in den After ein.

Je vous donne le **thermomètre**.	Ich gebe Ihnen das Thermometer.
Prenez-vous des médicaments pour la **thyroide**?	Nehmen Sie Tabletten für die Schilddrüse?
Vous faut-il de l'aide pour la **toilette**?	Brauchen Sie Hilfe beim Waschen?
Allez aux **toilettes** maintenant.	Gehen Sie jetzt bitte auf die Toilette.
Tournez-vous sur le côté.	Drehen Sie sich bitte auf die Seite.
Tournez-vous sur le dos s'il vous plaît.	Bitte drehen Sie sich auf den Rücken.
Tournez la tête légèrement de côté.	Drehen Sie bitte Ihren Kopf etwas zur Seite.
Tournez-vous vers la droite et posez les mains sur la tête.	Drehen Sie sich nach rechts und nehmen die Arme nach oben auf den Kopf.
Tournez-vous sur le côté gauche.	Drehen Sie sich auf die linke Seite.
Tournez-vous sur le côté et faites le dos rond, remontez les jambes vers le ventre, baissez le menton sur la poitrine.	Drehen Sie sich bitte auf die Seite und machen Sie einen runden Rücken, die Beine an den Bauch ziehen, das Kinn an die Brust.
Est-ce que vous **toussez**?	Haben Sie Husten?
Tout va bien?	Sind Sie zufrieden?
Je vais vous **transporter** avec votre lit.	Ich fahre Sie mit dem Bett.
Est-ce que vous **travaillez**?	Sind Sie berufstätig?
trouble (m) du métabolisme	Stoffwechselentgleisung
tumeur (f) de sein (m)	Mammatumor
unité de raleur (diabète)	BE = Broteinheit
12 unités d'hydrate de carbone sont 1 **unité** de raleur (diabète)	12 Kohlenhydrate sind 1 BE

Si vous avez besoin d'un bassin (**urinal**) dites-le moi.	Sollten Sie eine Pfanne (Flasche) benötigen, sagen Sie es mir bitte.
explication de l'**urine** du milieu du jet	Erklärung des Mittelstrahlurins
urine horaire	Stundenurin
Quand avez-vous **uriné** pour la dernière fois?	Wann haben Sie zuletzt Urin gelassen?
contrôle de l'**urine**	Urinkontrolle
explication de l'**urine** du milieu du jet	Erklärung des Mittelstrahlurins
urine horaire	Stundenurin
Pouvez-vous donner un peu d'**urine**?	Können Sie eine Urinprobe abgeben?
Vous devez encore donner un échantillon d'**urine**.	Sie sollten noch Urin abgeben.
Nous allons déposer un gobelet à **urine** dans le guichet. Vous l'y déposerez également.	Einen Urinbecher stellen wir in die Durchreiche. Sie können den Becher dorthin wieder zurückstellen.
Dans ce flacon vous allez récupérer vos **urines** pendant 24 heures. Conservez-le à l'abri de la lumière.	In diesem Behältnis sollten Sie 24 Stunden lang Urin sammeln. Den Behälter bitte lichtgeschützt aufbewahren.
urodynamique	Urodynamik
utérus (m)	Gebärmutter
Je vais vous faire un **vaccin** anti-tétanique.	Ich werde Ihnen jetzt eine Tetanusimpfung verabreichen.
Les objets de **valeur** peuvent être mis sous clé.	Wertgegenstände können bei uns eingeschlossen werden.
C'est la première fois que vous **venez** chez nous?	Waren Sie schon einmal bei uns?

Dégagez votre **ventre** s'il vous plaît.	Machen Sie bitte den Bauch frei.
vernis (m) à ongles	Nagellack
vessie	Harnblase
contractions/gymnastique (f) de la **vessie**	Blasentraining
Défaites vos **vêtements**.	Bitte machen Sie sich frei.
Défaites vos **vêtements** jusqu'à la ceinture.	Machen Sie bitte den Oberkörper frei.
Vous pouvez déposer vos **vêtements** là-bas.	Ihre Sachen können Sie dort ablegen.
Avez-vous **vidé** votre intestin?	Haben Sie abgeführt?
Videz le gobelet s'il vous plaît.	Trinken Sie bitte den Becher leer.
visite (f)	Besuch
visite (f) du médecin	Visite
parler avec la **visite**	mit Besuch sprechen
Vivez-vous seul(e)?	Sind Sie alleine zu Hause?
A présent, je vous pose une **voie** rémeuse.	Jetzt lege ich Ihnen einen venösen Zugang.
Ouvrez les **yeux** s'il vous plaît.	Bitte öffnen Sie die Augen.

date de l'**accouchement**	Entbindungstermin
Vous faut-il de l'**aide** pour la toilette?	Brauchen Sie Hilfe beim Waschen?
Avez-vous besoin d'**aide**?	Benötigen Sie meine Hilfe?
Êtes-vous allergique à des médicaments/des **aliments**?	Haben Sie Allergien gegen Medikamente/Nahrungsmittel?
Êtes-vous **allergique** à des médicaments/des aliments?	Haben Sie Allergien gegen Medikamente/Nahrungsmittel?
ambulant	ambulant
annexes (f, pl)	Adnexe
bas (m, pl) **anti**-thrombose	Antithrombosestrümpfe
Vider la poche d'**anus**-contre.	Anusbeutel leeren
Avez-vous un **appareil** auditif?	Haben Sie ein Hörgerät?
Qu'est-ce qui vous **appartient**?	Was gehört Ihnen?
Comment va l'**appétit**?	Was ist mit dem Appetit?
aspirer	absaugen
Asseyez-vous s'il vous plaît.	Setzen Sie sich bitte.
Le médecin va vous **ausculter**.	Der Arzt wird Sie untersuchen.
Avez-vous déjà été opéré?	Wurden Sie schon einmal operiert?
Avez-vous déjà fait un séjour à l'hôpital?	Waren Sie schon einmal im Krankenhaus?
risque d'**avortement**	drohender Abort
creux (m) **axillaire**	Achselhöhle
Prenez la température rectale/ **axillaire**.	Messen Sie bitte rektal/axillar.
Avez-vous des **bagages**?	Haben Sie Gepäck?
bain de pieds	Fußbad

bain de siège	Sitzbad
enfiler des **bas** propres	frische Strümpfe anziehen
bassin	Bettschieber
bijoux (m, pl)	Schmuck
biscotte (f)	Zwieback
Beaucoup **boire**.	Bitte viel trinken.
donner à **boire**	zu trinken geben
Bonjour! Je suis Mme./Mlle. … Je vais vous conduire dans le service. Fauteuil roulant?	Guten Tag, ich bin Sr. … und möchte Sie gern auf Station abholen. Rollstuhl?
Quvrez la **bouche** s'il vous plaît.	Mund aufmachen bitte.
Tendez les **bras** s'il vous plaît.	Die Arme ausstrecken bitte.
caisse maladie	Krankenkasse
Voici votre **calmant**.	Sie bekommen das verordnete Beruhigungsmittel.
Avez-vous besoin d'un **calmant** (antalgique)?	Benötigen Sie ein Schmerzmittel?
cancer de l'uterus	Corpus CA
cancer du col de l'uterus	Cervix CA
cancer (m) de l'ovaire (m)	Ovarialcarcinom
Avez-vous une **canne**?	Haben Sie einen Gehstock?
poser une **canule**/sonde intestinale	Darmrohre legen
catheter court avec obtua	Viggo
catheter court	Braunüle
catheter sus-pubien	Suprabubischer Katheter
cellulose (f)	Zellstoff

chaise percée (f)	Nachtstuhl
Est-ce que vous voulez une **chaisse** percée/un urinal?	Brauchen Sie einen Nachtstuhl/eine Urinflasche?
changement de position	Umlagerung
Avant votre sortie veuillez régler les frais à votre **charge** et le téléphone.	Vor der Entlassung bitte den Eigenanteil und das Telefon bezahlen.
chemise (f) pour opération	OP-Hemd
laver les **cheveux**	Haare waschen
chimiothérapie (f)	Chemotherapie
Comment vous appelez-vous?	Wie heißen Sie?
Comment ça va?	Wie geht es Ihnen?
jour de **communion**	Kommuniontag
Prendre les **comprimés** après le repas.	Tabletten bitte nach dem Essen einnehmen.
cuisine (f)	Küche
cuvette	Waschschüssel
date de naissance	Geburtsdatum
Déglutissez à fond s'il vous plaît.	Fest schlucken bitte.
prothèse **dentaire** (f)	Zahnprothese
Avez-vous un **dentier**?	Haben Sie ein Gebiß?
Êtes-vous **diabétique**?	Sind Sie Diabetiker/-in?
domicile	Wohnort
Avez-vous bien **dormi**?	Haben Sie gut geschlafen?
Avez-vous des **douleurs**? Où?	Haben Sie Schmerzen? Wo?
drain (m)	Wunddrainage

échographie abdominale	Oberbauchsono
échographie (f) gynécologique	Gyn-Sono
Voilà des **écouteurs**. Les infos, de la musique et la messe sont retransmis.	Das ist ein Kopfhörer. Nachrichten, Musik und heilige Messe werden übertragen.
écran	Monitor
électrocardiogramme (m)	EKG
On va faire un **électro-cardiogramme**.	Ein EKG wird geschrieben.
élève infirmier	Krankenpflegeschüler
Combien d'**enfants** avez-vous?	Wieviel Kinder haben Sie?
entretien (m)	Besprechung
Là vous avez une **étagère** pour vos affaires de toilette.	Hier ist die Ablage für Waschutensilien.
examen (m) médical	Untersuchung
Vous allez subir un **examen**.	Sie haben eine Untersuchung.
Suivez-moi pour aller subir votre **examen**.	Gehen Sie bitte mit zur Untersuchung.
Avez-vous des **expectorations** (des crachats)?	Haben Sie Auswurf?
extrême-onction (f)	Krankensalbung
Avez-vous **faim**?	Haben Sie Hunger?
Avez-vous de la **famille**?	Haben Sie Angehörige?
Êtes-vous **fatigué**?	Sind Sie müde?
Avez-vous déjà fait une **fausse**-couche?	Hatten Sie schon eine Fehlgeburt?
Je vais vous amener en **fauteuil** roulant.	Ich fahre Sie mit dem Rollstuhl.

fièvre (f)	Fieber
Toutes les questions du **formulaire** d'admission.	Alle Fragen des Aufnahmebogens.
ganglion (m) lymphatique	Lymphknoten
gant (m) de toilette	Waschlappen
Je vous apporte de quoi vous **gargariser**.	Ich bringe Ihnen was zum Gurgeln.
laver les parties **génitales** dans le lit	Genitalabspülung im Bett
Avez-vous mal à la **gorge**?	Haben Sie Halsschmerzen?
A combien de semaines de **grossesse** êtes-vous?	Wievielte Schwangerschaftswoche?
gymnastique (f) médicale	Krankengymnastik
échographie (f) **gynécologique**	Gyn-Sono
Où **habitez**-vous?	Wo wohnen Sie?
Habitez-vous seul?	Wohnen Sie alleine?
Quelles sont vos **habitudes** à la maison?	Wie sind Ihre Gewohnheiten zu Hause?
Avez-vous déjà fait un séjour à l'**hôpital**?	Waren Sie schon einmal im Krankenhaus?
informations concernant l'anesthésie	Narkoseinformation
Voilà des écouteurs: les **infos**, de la musique et la messe sont retransmis.	Das ist ein Kopfhörer. Nachrichten, Musik und heilige Messe werden übertragen.
infusomat ou pompe à perfusion	Infusomat
inhalateur (m)	Inhalierer
faire une **injection**	spritzen
lavement **intestinal**	Darm spülen

poser une canule/sonde **intestinale**	Darmrohre legen
soins **intimes**/toilette **intime**	Intimpflege
Levez la **jambe** s'il vous plaît.	Das Bein hochheben, bitte.
à **jeun**	nüchtern
Demain vous devez rester à **jeun**.	Morgen müssen Sie nüchtern bleiben.
Kiosque (m)	Kiosk
laboratoire (m)	Labor
Tirez la **langue** s'il vous plaît.	Zeigen Sie bitte die Zunge.
lavement (m)	Einlauf
Pourriez-vous m'aider à me **laver**.	Bitte helfen Sie mit beim Waschen.
laver les cheveux	Haare waschen
lentilles (f, pl) de contact	Kontaktlinsen
Levez la jambe s'il vous plaît.	Das Bein hoch heben bitte.
lieu de naissance	Geburtsort
Voici votre **lit**.	Hier ist Ihr Bett.
Levez-vous s'il vous plaît, je voudrais faire le **lit**.	Stehen Sie bitte auf, ich möchte das Bett machen.
Vous devez rester au **lit**.	Sie müssen im Bett bleiben.
repos au **lit**	strenge Bettruhe
lunettes (f, pl)	Brille
Avez-vous des **lunettes**?	Haben Sie eine Brille?
à la **maison**	nach Hause
Pouvez-vous **manger** de tout?	Können Sie alles essen?
Que désirez-vous **manger**?	Was möchten Sie essen?
médecin habituel/médecin de famille	Hausarzt

Le **médecin** arrive tout de suite.	Der Arzt kommt gleich.
Le **médecin** va venir vous parler.	Der Arzt spricht noch mit Ihnen.
Quels **médicaments** prenez-vous?	Was nehmen Sie für Medikamente ein?
Êtes-vous allergique à des **médicaments**/des aliments?	Haben Sie Allergien gegen Medikamente/Nahrungsmittel?
Prenez-vous régulièrement des **médicaments**?	Nehmen Sie regelmäßig Medikamente ein?
parents/**membres** de la famille	Angehörige
Voilà des écouteurs. Les infos, de la musique et la **messe** sont retransmis.	Das ist ein Kopfhörer. Nachrichten, Musik und Heilige Messe werden übertragen.
Nous allons vous **mesurer**.	Gehen Sie bitte mit zur Größe messen.
Voilà des écouteurs. Les infos, de la **musique** et la messe sont retransmis.	Das ist ein Kopfhörer. Nachrichten, Musik und Heilige Messe werden übertragen.
nationalité	Nationalität
Avez-vous des **nausées**?	Haben Sie Übelkeit?
nom	Name
chemise (f) de **nuit**	Nachthemd
chemise (f) pour **opération**	OP-Hemd
préparation à l'**operation**	OP-Vorbereitung
Avez-vous déjà été **opéré**?	Wurden Sie schon einmal operiert?
envoyer de l'**oxygène**	Sauerstoff zuführen
changement de **pansement**	Verbandwechsel
parler avec la visite	mit Besuch sprechen
Le médecin va venir vous **parler**.	Der Arzt spricht noch mit Ihnen.

peignoir	Bademantel
perfuseur	Perfusor
perfusion (f)	Infusion
perruque (f)	Haarperücke
personne accompagnante	Mitpatient
Nous allons vous **peser**.	Gehen Sie bitte mit zum Wiegen.
piqûre	Spritze
Je dois vous préparer pour l'examen/vous faire une **piqûre**.	Ich muß Sie für die Untersuchung vorbereiten/Ihnen eine Spritze geben.
Voici votre **placard**.	Hier ist Ihr Schrank.
infusomat ou **pompe** à perfusion	Infusomat
porte (f)/réception (f)	Pforte
position latérale	Seitenlagerung
pouls (m)	Puls
Je vais prendre votre **pouls**.	Ich möchte bei Ihnen den Puls messen.
Prenez la température rectale/ axillaire.	Messen Sie bitte rektal/axillar.
prénom	Vorname
préparation à l'opération	OP-Vorbereitung
Je dois vous **préparer** pour l'examen/vous faire une piqûre.	Ich muß Sie für die Untersuchung vorbereiten/Ihnen eine Spritze geben.
Pression veineuse centrale (P.V.C.)	Zentraler Venenkatheter (Z.V.D.)
mesurer la **pression** veineuse centrale (P.V.C).	Z.V.D. messen
prêtre (m)	Geistlicher
profession	Beruf

Quelle est votre **profession**?	Was für einen Beruf haben Sie?
Le médecin vous autorise à vous **promener** dans le parc.	Der Arzt erlaubt Ihnen, im Patientengarten spazieren zu gehen.
Mettez votre **pyjama** s'il vous plaît.	Bitte ziehen Sie den Pyjama an.
Mettez-vous en **pyjama**/chemise de niut.	Ziehen Sie bitte Ihren Schlafanzug/ Ihr Nachthemd an.
On va vous conduire à la **radio**.	Sie werden nun zum Röntgen gebracht.
radiographier	Röntgen
raser	rasieren
Pourriez-vous m'aider à me **raser**.	Bitte helfen Sie mir beim Rasieren.
Prenez la température **rectale**/ axillaire.	Messen Sie bitte rektal/axillar.
changer le **redon**	Redon wechseln
Devez-vous suivre un **régime** particulier?	Müssen Sie eine bestimmte Diät einhalten?
Avant votre sortie veuillez **régler** les frais à votre charge et le téléphone.	Vor der Entlassung bitte den Eigenanteil und das Telefon bezahlen.
Quelle est la date de vos dernières **règles**?	Wann war die letzte Periode?
renseignements (m, pl) personnels	Personalienangabe
reposez-vous d'abord	Ruhen Sie sich zuerst aus.
Vous avez du mal à **respirer**?	Bekommen Sie schlecht Luft?
rue	Straße
Avez-vous des **saignements**? (Aussi intenses que pendant les règles ou moins intenses?)	Haben Sie vaginale Blutung? (Periodenstark oder weniger?)
salle (f) du service	Stationszimmer

Prenez place dans la **salle** d'attente. On vous appellera.	Setzen Sie sich bitte in das Wartezimmer. Sie werden aufgerufen.
prise (f) de **sang**	Blutentnahmen
Êtes-vous allé à la **selle**? Quand?	Hatten Sie Stuhlgang? Wann zuletzt?
Êtes-vous allé à la **selle** hier?	Hatten Sie gestern Stuhlgang?
Quand êtes-vous allé à la **selle** pour la dernière fois?	Wann hatten Sie den letzten Stuhlgang?
Devez-vous aller à la **selle**?	Müssen Sie auf den Topf?
serviette (f) de toilette	Handtuch
serviettes (f, pl) hygiéniques	Damenbinden
slip (m)	Schlüpfer
slip périodique (m)	Netzhosen
Avez-vous **soif**?	Haben Sie Durst?
Soif – que voulez-vous boire?	Durst – was möchten Sie trinken?
Désirez-vous un **somnifère**?	Benötigen Sie ein Schlafmittel?
sonde (f) urinaire	Blasenkatheter
Voici la **sonnette** pour appeler l'infirmière!	Hier ist die Schwesternrufanlage, melden Sie sich bitte, wenn Sie Hilfe brauchen!
Avant votre **sortie** veuillez régler les frais à votre charge et le téléphone.	Vor der Entlassung bitte den Eigenanteil und das Telefon bezahlen.
Êtes-vous **soucieux**?	Haben Sie eine innere Unruhe?
spécialiste	Facharzt
stationnaire	stationär
Voici votre **table** de nuit.	Hier ist Ihr Nachttisch.

Désirez-vous le **téléphone**/la télévision?	Möchten Sie Telefon/Fernseher?
Avant votre sortie veuillez régler les frais à votre charge et le **téléphone**.	Vor der Entlassung bitte den Eigenanteil und das Telefon bezahlen.
numéro de **téléphone**	Telefonnummer
Quel est votre numéro de **téléphone**?	Wie ist Ihre Telefonnummer?
Pour **téléphoner** composer le zéro, attendre la tonalité puis faire le préfixe suivi du numéro.	Zum Telefonieren die 0 wählen, auf Freizeichen warten, danach Vorwahl und Telefonnummer.
Désirez-vous le téléphone/ la **télévision**?	Möchten Sie Telefon/Fernseher?
Je vais prendre votre **température** (rectale).	Ich möchte bei Ihnen die Temperatur (rektal) messen.
Tendez les bras s'il vous plaît.	Die Arme ausstrecken bitte.
tension (f)	Blutdruck
Je vais prendre votre **tension**.	Ich möchte bei Ihnen den Blutdruck messen.
Avez-vous des maux de **tête**?	Haben Sie Kopfschmerzen?
Je vous donne le **thermomètre**.	Ich gebe Ihnen das Thermometer.
Vous faut-il de l'aide pour la **toilette**?	Brauchen Sie Hilfe beim Waschen?
Est-ce que vous **toussez**?	Haben Sie Husten?
Tout va bien?	Sind Sie zufrieden?
Je vais vous **transporter** avec votre lit.	Ich fahre Sie mit dem Bett.
Est-ce que vous **travaillez**?	Sind Sie berufstätig?
tumeur (f) de sein (m)	Mammatumor

médecine en général

explication de l'**urine** du milieu du jet	Erklärung des Mittelstrahlurins
urine horaire	Stundenurin
Quand avez-vous **uriné** pour la dernière fois?	Wann haben Sie zuletzt Urin gelassen?
contrôle de l'**urine**	Urinkontrolle
Pouvez-vous donner un peu d'**urine**?	Können Sie eine Urinprobe abgeben?
utérus (m)	Gebärmutter
urodynamique	Urodynamik
Les objets de **valeur** peuvent être mis sous clé.	Wertgegenstände können bei uns eingeschlossen werden.
vernis (m) à ongles	Nagellack
vessie	Harnblase
contractions/gymnastique (f) de la **vessie**	Blasentraining
visite (f)	Besuch
visite (f) du médecin	Visite
parler avec la **visite**	mit Besuch sprechen
Vivez-vous seul(e)?	Sind Sie alleine zu Hause?

Maintenant je vais brancher quelques **appareils** de contrôle.	Ich werde jetzt einige Überwachungsgeräte anschließen.
Le médecin va vous poser un **cathéter**.	Der Arzt wird Ihnen jetzt einen Katheter legen.
Nous allons vous ramener dans votre **chambre**.	Sie kommen wieder auf Ihr Zimmer zurück.
Levez le bras gauche s'il vous plaît.	Heben Sie bitte den linken Arm.
Nous vous ramenons dans votre **lit**.	Wir begleiten Sie in Ihr Bett.
Où avez-vous **mal**?	Wo haben Sie Schmerzen?
Quand avez-vous **mangé** pour la dernière fois?	Wann war die letzte Nahrungsaufnahme?
Quel est votre **nom**?	Wie heißen Sie?
Quelle **opération** va être pratiquée? evtl. quel côté?	Was für eine Operation wird durchgeführt? evtl. welche Seite?
L'**opération** est finie.	Die Operation ist vorbei.
Avez-vous eu la **piqûre** (ou le comprimé) de prémédication?	Haben Sie die Prämedikationsspritze oder -tablette erhalten?
Avez-vous une **prothèse** dentaire? L'avez-vous enlevée?	Tragen Sie eine Zahnprothese? Ist Sie entfernt?
Est-ce que vous **respirez** bien?	Bekommen Sie gut Luft?
Vous êtes dans la **salle** de réveil.	Sie sind im Aufwachraum.
salutations	Begrüßung
Tournez-vous sur le côté et faites le dos rond, remontez les jambes vers le ventre, baissez le menton sur la poitrine.	Drehen Sie sich bitte auf die Seite und machen Sie einen runden Rücken, die Beine an den Bauch ziehen, das Kinn an die Brust.
A présent, je vous pose une **voie** réneuse.	Jetzt lege ich Ihnen einen venösen Zugang.
Ouvrez les **yeux** s'il vous plaît.	Bitte öffnen Sie die Augen.

Puis-je vous **aider**?	Kann ich Ihnen helfen?
Allongez-vous s'il vous plaît.	Bitte legen Sie sich hin.
Le second thermomètre, vous l'introduisez avec la feuille en plastique dans l'**anus**.	Das 2. Thermometer führen Sie bitte mit der Folie in den After ein.
Si vous avez besoin d'un **bassin** (urinal) dites-le moi.	Sollten Sie eine Pfanne (Flasche) benötigen, sagen Sie es mir bitte.
Bonjour, je m'appelle ... (oder für die Ordensschwestern: soeur ...)	Guten Tag, ich bin Schwester ...
Donnez-moi votre **bras** droit/ gauche.	Geben Sie mir bitte den rechten/ linken Arm.
Mettez le thermomètre sous le **bras** s'il vous plaît.	Bitte legen Sie das Thermometer unter den Arm.
Comment allez-vous?	Wie geht es Ihnen?
Dégagez le bas du **corps** s'il vous plaît.	Machen Sie bitte den Unterkörper frei.
Tournez-vous sur le **côté**.	Drehen Sie sich bitte auf die Seite.
Déshabillez-vous complètement.	Ziehen Sie sich bitte ganz aus.
Voici le **docteur** ...	Dies ist Dr. ..., unser Arzt.
Donnez-moi votre bras droit/ gauche.	Geben Sie mir bitte den rechten/ linken Arm.
Montrez-moi votre **jambe** droite/ gauche.	Zeigen Sie mir bitte das rechte/linke Bein.
Souhaitez vous un coussin de **latéralisation**.	Möchten Sie ein Lagerungskissen?
Montrez-moi votre jambe droite/ gauche.	Zeigen Sie mir bitte das rechte/linke Bein.
Quel est votre **nom**?	Wie ist Ihr Name?
Maintenant je vais vous prendre le **pouls** et la tension.	Ich werde Ihnen jetzt den Puls und den Blutdruck messen.

Prenez place s'il vous plaît.	Bitte setzen Sie sich.
Qu'est-ce qui ne va pas?	Was haben Sie für Beschwerden?
Restez couché s'il vous plaît. Vous ne devriez plus vous lever.	Bitte bleiben Sie liegen. Sie sollten nicht mehr aufstehen.
Maintenant je vais vous prendre le pouls et la tension.	Ich werde Ihnen jetzt den Puls und den Blutdruck messen.
Voulez-vous la tête plus haute ou plus basse?	Möchten Sie höher oder tiefer liegen?
Mettez le thermomètre sous le bras s'il vous plaît.	Bitte legen Sie das Thermometer unter den Arm.
Le second thermomètre, vous l'introduisez avec la feuille en plastique dans l'anus.	Das zweite Thermometer führen Sie bitte mit der Folie in den After ein.
Tournez-vous sur le côté.	Drehen Sie sich bitte auf die Seite.
Si vous avez besoin d'un bassin (urinal) dites-le moi.	Sollten Sie eine Pfanne (Flasche) benötigen, sagen Sie es mir bitte.
Je vais vous faire un vaccin anti-tétanique.	Ich werde Ihnen jetzt eine Tetanusimpfung verabreichen.
Dégagez votre ventre s'il vous plaît.	Machen Sie bitte den Bauch frei.
Défaites vos vêtements jusqu'à la ceinture.	Machen Sie bitte den Oberkörper frei.
Vous pouvez déposer vos vêtements là-bas.	Ihre Sachen können Sie dort ablegen.
Les W.C. se trouvent juste en face.	Die Toilette befindet sich gleich gegenüber.

adiposité	Adipositas
adresse	Adresse
alcool (m)	Alkohol
alimentation (f)	Ernährung
auto-contrôle	Selbstkontrollen
bandelette réactive	Teststreifen
coma (m) diabétique	diabetisches Koma
comprimés (m, pl)	Tabletten
Prenez-vous des **comprimés**?	Nehmen Sie Tabletten?
date de naissance	Geburtsdatum
De quoi se compose votre **déjeuner**?	Wie sieht Ihr Mittagessen aus?
diabète (m) sucrè	Diabetes mellitus
Que mangez-vous au **diner**?	Was essen Sie zum Abendessen?
Prenez-vous régulièrement vos **en**-cas?	Essen Sie regelmäßig Ihre Zwischenmahlzeiten?
fruits (m, pl)	Obst
glucides (m, pl) oder hydrates de carbone	Kohlenhydrate
glucosurine	Urinzucker
glycémie (f)	Blutzucker
Depuis quand avez-vous une **glycémie**?	Seit wann haben Sie Blutzucker?
Quel est votre taux de **glycémie**?	Wie hoch ist Ihr Blutzucker?
appareil à **glycémie**	Blutzuckermeßgerät
taux (m) de **glycémie**	Blutzuckerwert
contrôle de la **glycémie**	Blutzuckerselbstkontrolle

Contrôlez-vous votre **glycémie** vous-même?	Machen Sie Blutzuckerselbstkontrolle?
Quand contrôlez-vous votre **glycémie**?	Wann machen Sie Blutzuckerselbstkontrolle?
glycémie à jeun	Nüchtern-Blutzucker
glucides (m, pl) oder **hydrates** de carbone	Kohlenhydrate
12 unités d'**hydrate** de carbone sont 1 unité de raleur (diabète)	12 Kohlenhydrate sind 1 BE
hyperglycémie (f)	Hyperglykämie (Überzucker)
hypoglycémie (f)	Hypoglykämie (Unterzucker)
Avez-vous déjà suivi un cours d'**information** sur le diabète?	Haben Sie schon eine Diabetesschulung mitgemacht?
insuline (f)	Insulin
Faites-vous des piqûres d'**insuline**?	Spritzen Sie Insulin?
Combien d'unités d'**insuline** injectez-vous?	Wieviel Einheiten Insulin spritzen Sie?
injection d'**insuline**	Insulinspritzen
insulino-dependant = DID	insulinabhängig = Typ I Diabetiker
jambes (f, pl)	Beine
Joule	KJ
jus (m, pl) de fruits	Obstsäfte
Kcal	Kcal
lipides (m, pl)	Fett
néphropathie	Nephropathie
affection des **neurologique**	Nervenerkrankung
neuropathie (f)	Neuropathie

nom	Name
non insulino-dependant = DNID	nicht insulinabhängig = Typ II Diabetiker
obésité (f)	Übergewicht
pâtes (f, pl)	Nudeln
pédicure (f)	Fußpflege
Que mangez-vous au **petit**-déjeuner?	Was essen Sie zum Frühstück?
pieds (m, pl)	Füße
pommes de terre (f, pl)	Kartoffeln
produits (m, pl) lactés	Milchprodukte
profil/courbe journalière	Tagesprofil
protéine (f)	Eiweiß
rein (m)	Niere
repas tardif	Spätmahlzeit
Que mangez-vous entre les **repas**?	Was essen Sie zu den Zwischenmahlzeiten?
rétinopathie (f) diabétique	Retinopathie
riz (m)	Reis
séquelles (f, pl)	Folgeschäden
séquelles (f, pl) du diabète	diabetische Folgeschäden
Dans quel **service** êtes-vous hospitalisé?	Auf welcher Station liegen Sie?
trouble (m) du métabolisme	Stoffwechselentgleisung
unité de raleur (diabète)	BE = Broteinheit
12 unités d'hydrate de carbone sont 1 **unité** de raleur (diabète)	12 Kohlenhydrate sind 1 BE
yeux (m, pl)	Augen

Dégagez le haut du **corps**.	Bitte machen Sie Ihren Oberkörper frei.
électrocardiogramme = ECG	EKG
Restez allongé décontracté et immobile.	Bitte ruhig und entspannt liegen bleiben, nicht bewegen.
C'est la première fois que vous **venez** chez nous?	Waren Sie schon einmal bei uns?

Allongez-vous sur le côté gauche.	Bitte legen Sie sich auf die linke Seite.
Concernant l'**anaesthésie** du palais: ouvrez très grand la bouche, avalez.	Zur Rachenbeteubung: Bitte machen Sie den Mund weit auf, bitte schlucken.
Attendez une heure avant de manger et de **boire**.	Bitte mit dem Essen und Trinken eine Stunde warten.
Ouvrir largement la **bouche** et mordre l'embout.	Bitte den Mund weit aufmachen und auf das Mundstück beißen.
CPRE	ERCP
Étiez vous déjà chez nous?	Waren Sie schon einmal bei uns?
Après **examen**: Asseyez-vous et crachez le reste de salive.	Nach der Untersuchung: Bitte setzen Sie sich auf und spucken Sie den restlichen Speichel in den Zellstoff.
gastroscopie	Gastroskopie
Avez-vous lu et signé la fiche d'**information**?	Haben Sie den Aufklärungsbogen durchgelesen und unterschrieben?
à l'**introduction** de l'appareil: prière d'avaler	Beim Einführen des Gerätes: Bitte schlucken Sie.
Attendez une heure avant de **manger** et de boire.	Bitte mit dem Essen und Trinken eine Stunde warten.
Attendez un instant; le **médecin** veut vous parler.	Bitte bleiben Sie noch hier; der Arzt möchte mit Ihnen sprechen.
Nous enverrons les résultats à votre **médecin** traitant.	Ihr Hausarzt bekommt den Befund zugeschickt.
Vous pouvez **rentrer** chez vous.	Sie können jetzt nach Hause gehen.
Respirer calment par le nez et laisser couler la salive.	Bitte ruhig durch die Nase atmen und den Speichel laufen lassen.

Vous devez **rester** encore pendant une heure. Quelqu'un peut-il venir vous chercher?	Bei Sedierung: Sie müssen noch eine Stunde bei uns bleiben. Können Sie abgeholt werden?
Nous enverrons les **résultats** à votre médecin traitant.	Ihr Hausarzt bekommt den Befund zugeschickt.
Essayez de retenir votre **souffle** pendant l'examen.	Versuchen Sie bitte, die Luft während der Untersuchung zu halten.

Allongez-vous sur le **dos**.	Bitte legen Sie sich auf den Rücken.
échographie cardiaque	Herzecho
Dégagez la **poitrine**.	Bitte machen Sie Ihren Oberkörper frei.
C'est la première fois que vous **venez** chez nous?	Waren Sie schon einmal bei uns?

Allongez-vous sur le côté gauche.	Bitte legen Sie sich auf die linke Seite.
Avant l'examen on va vous injecter un **calmant**.	Vor der Untersuchung bekommen Sie eine Beruhigungsspritze.
coloscopie	Koloskopie
Déshabillez-vous (seulement le bas)!	Bitte machen Sie sich unten herum frei!
Étiez-vous déjà chez nous?	Waren Sie schon einmal bei uns?
Pendant l'**examen**: l'introduction d'air provoque des ballonnements douloureux.	Während der Untersuchung: Durch die Luftzufuhr entstehen schmerzende Blähungen.
Maintenant nous commencons l'**examen**.	Nun beginnen wir mit der Untersuchung.
Avez-vous lu la feuille d'**infor-mation** et l'avez-vous signée?	Haben Sie den Aufklärungsbogen durchgelesen und unterschrieben?
Avez-vous bu toute la tisane **laxative**?	Haben Sie den ganzen Abführtee getrunken?
Attendez encore un moment; le **médecin** veut vous parler.	Bitte bleiben Sie noch hier; der Arzt möchte mit Ihnen sprechen.
Vous pouvez **rentrer** chez vous.	Sie können jetzt nach Hause gehen.
Veuillez **plier** les jambes.	Bitte stellen Sie die Beine an!
Essayez de rester décontracté et de **respirer** calmement.	Versuchen Sie, entspannt zu bleiben und ruhig durchzuatmen.
Respirez profondément.	Bitte tief durchatmen.
Nous enverrons les **résultats** à votre médecin.	Ihr Hausarzt bekommt den Befund zugeschickt.
Lors d'une **sédation**: Vous devez rester là encore une heure. Quelqu'un peut-il venir vous chercher?	Bei Sedierung: Sie müssen noch eine Stunde bei uns bleiben. Können Sie abgeholt werden?

| Est-ce encore **supportable**? | Ist es noch auszuhalten? |
| Tournez-vous sur le dos s'il vous plaît. | Bitte drehen Sie sich auf den Rücken. |

Appuyez là-dessus.	Drücken Sie bitte hier drauf.
Pourriez-vous **appuyer** sur ce petit tampon?	Könnten Sie bitte diesen Tupfer festhalten?
Pouvez-vous dégager votre **bras**?	Können Sie bitte Ihren Arm frei machen?
Vous allez sentir une légère piqûre à l'oreille/au **doigt**.	Jetzt gibt es einen kleinen Stich ins Ohr/am Finger.
L'**examen** est terminé.	Die Untersuchung ist beendet.
laboratoire	Labor
Vous allez sentir une légère piqûre à l'**oreille**/au doigt.	Jetzt gibt es einen kleinen Stich ins Ohr/am Finger.
Nous allons vous mettre un **pansement** à l'endroit de la prise de sang.	Wir machen Ihnen gleich noch ein Pflaster auf die Blutentnahmestelle.
Faites le **poing**.	Machen Sie bitte eine Faust.
Devez-vous emmener les **résultats**?	Müssen Sie die Befunde mitnehmen?
Nous devons vous faire une prise de **sang**.	Wir müßten Ihnen jetzt Blut abnehmen.
Nous allons vous prélever du **sang** au bout du doigt.	Wir nehmen Ihnen am Finger Blut ab.
Donnez votre main s'il vous plaît, je dois vous prendre du **sang** au bout du doigt.	Geben Sie mir bitte Ihre Hand, ich muß Ihnen am Finger Blut abnehmen!
Voilà une solution sucrée que vous allez boire maintenant puis vous reviendrez ici dans 1 ou 2 heures pour une prise de **sang**. Ne mangez rien pendant ce laps de temps.	Das ist eine Zuckerlösung. Bitte trinken Sie sie jetzt und kommen Sie dann in ein bzw. zwei Stunden wieder zum Blutabnehmen zurück. Bitte in dieser Zeit nichts essen.
Nous allons vous mettre un pansement à l'endroit de la prise de **sang**.	Wir machen Ihnen gleich noch ein Pflaster auf die Blutentnahmestelle.

Tournez la tête légèrement de côté.	Drehen Sie bitte Ihren Kopf etwas zur Seite.
Vous devez encore donner un échantillon d'**urine**.	Sie sollten noch Urin abgeben.
Nous allons déposer un gobelet à **urine** dans le guichet. Vous l'y déposerez également.	Einen Urinbecher stellen wir in die Durchreiche. Sie können den Becher dorthin wieder zurückstellen.
Dans ce flacon vous allez récupérer vos **urines** pendant 24 heures. Conservez-le à l'abri de la lumière.	In diesem Behältnis sollten Sie 24 Stunden lang Urin sammeln. Den Behälter bitte lichtgeschützt aufbewahren.
Les **W.C.** sont à côté.	Die Toilette ist nebenan.

L'**appareil** doit rester 24 heures en place.	Das Gerät muß 24 Stunden dran bleiben.
Dégagez le haut du corps.	Bitte machen Sie Ihren Oberkörper frei.
Ne vous rasez pas au rasoir **électrique**.	Bitte nicht elektrisch rasieren.
électrocardiogramme longue durée	Langzeit-EKG
Maintenant nous allons poser les **électrodes**.	Nun kleben wir die Elektroden an.
Étiez-vous déjà chez nous?	Waren Sie schon einmal bei uns?
électrocardiogramme **longue** durée	Langzeit-EKG
Faites bien attention de ne pas **mouiller** l'appareil.	Bitte achten Sie darauf, daß das Gerät nicht naß wird.
Je dois rendre votre peau un peu **rugueuse** pour qu'un bon contact s'établisse.	Ich muß die Haut etwas aufrauhen, damit guter Kontakt entsteht.

Êtes-vous **allergique**?	Besteht bei Ihnen eine Allergie?
Allongez-vous sur cette table sur le dos s'il vous plaît.	Legen Sie sich mit dem Rücken auf den Tisch.
Tout est **bien**. Vous pouvez partir.	Es ist alles in Ordnung. Sie dürfen gehen.
Otez vos **bijoux**, épingles à cheveux et prothèse dentaire.	Schmuck bitte ausziehen, Haarklammern und Zahnprothese entfernen.
Bonjour! Avez-vous déjà passé en radio chez nous?	Guten Tag. Waren Sie schon einmal bei uns zum Röntgen?
Entrez dans la **cabine** numéro 1	Gehen Sie in Kabine Nr. 1.
Avez-vous votre **carte** d'assurance maladie sur vous?	Haben Sie Ihre KV-Karte dabei?
Dégagez le haut du **corps**.	Machen Sie den Oberkörper frei.
Êtes-vous **enceinte**?	Besteht bei Ihnen eine Schwangerschaft?
Appuyez les **épaules** ici et laissez tomber les bras.	Mit dem Oberkörper hier anlehnen und die Arme nach unten nehmen.
Otez vos bijoux, **épingles** à cheveux et prothèse dentaire.	Schmuck bitte ausziehen, Haarklammern und Zahnprothese entfernen.
Vous avez **fini**, vous pouvez partir.	Sie sind fertig und dürfen gehen.
Videz le **gobelet** s'il vous plaît.	Trinken Sie bitte den Becher leer.
Inspirez, ne respirez plus, expirez.	Einatmen, nicht atmen, weiteratmen.
Vous pouvez vous **lever**, vous rhabiller puis attendre dehors.	Sie dürfen wieder aufstehen, sich anziehen und draußen warten.
Le **médecin** veut parler, attendez un instant s'il vous plaît.	Der Arzt will noch mit Ihnen sprechen, warten Sie bitte.

radiologie

Prenez-vous des **médica-ments** pour la thyroide?	Nehmen Sie Tabletten für die Schilddrüse?
Tout est bien. Vous pouvez **partir**.	Es ist alles in Ordnung. Sie dürfen gehen.
Prenez **place**.	Nehmen Sie bitte Platz.
Otez vos bijoux, épingles à cheveux et **prothèse** dentaire.	Schmuck bitte ausziehen, Haarklammern und Zahnprothese entfernen.
radiographie	Röntgen
Avez-vous subi des **radios** dans un autre hôpital ou chez un radiologue?	Haben Sie in einem anderen Krankenhaus oder einer Röntgenpraxis Röntgenaufnahmen bekommen?
Restez allongé sans bouger après avoir mis les bras sous la tête.	Bleiben Sie ganz ruhig liegen, bewegen Sie sich nicht mehr und nehmen die Arme nach oben unter den Kopf.
Prenez-vous des médicaments pour la **thyroide**?	Nehmen Sie Tabletten für die Schilddrüse?
Allez aux **toilettes** maintenant.	Gehen Sie jetzt bitte auf die Toilette.
Tournez-vous vers la droite et posez les mains sur la tête.	Drehen Sie sich nach rechts und nehmen die Arme nach oben auf den Kopf.
Tournez-vous sur le côté gauche.	Drehen Sie sich auf die linke Seite.
Videz le gobelet s'il vous plaît.	Trinken Sie bitte den Becher leer.

Dégagez le bas du corps s'il vous plaît.	Bitte machen Sie sich unten herum frei.
Détendez-vous.	Bitte entspannen Sie sich.
Avez-vous déjà **été** chez nous?	Waren Sie schon einmal bei uns?
Allongez-vous sur le côté gauche, on va faire un **lavement**.	Bitte legen Sie sich auf die linke Seite, Sie bekommen jetzt einen Einlauf.
Retenez le **lavement** pendant 5 minutes puis allez aux W.C.	Bitte den Einlauf ca. fünf Minuten anhalten und dann auf das WC gehen.
Attendez un instant, le **médecin** veut vous parler.	Bitte warten Sie einen Moment, der Arzt möchte noch mit Ihnen sprechen.
Mettez-vous à genoux sur le fauteuil d'examen, penchez-vous en avant. Attention nous allons basculer le siege vers le bas.	Bitte knien Sie auf den Untersuchungsstuhl, beugen Sie sich nach vorne. Vorsicht, wir kippen den Stuhl nach unten.
proctoscopie	Proktoskopie
Avez-vous lu et signé le (formulaire) **questionnaire** d'information?	Haben Sie den Aufklärungsbogen durchgelesen und unterschrieben?
rectoscopie	Rektoskopie
Vous pouvez **rentrer** chez vous.	Sie können jetzt nach Hause gehen.
Nous enverrons les **résultats** à votre médecin traitant.	Ihr Hausarzt bekommt den Befund zugeschickt.
Vous pouvez vous **rhabiller**.	Sie können sich wieder anziehen.
Avez-vous **vidé** votre intestin?	Haben Sie abgeführt?

rectoscopie

Allongez-vous sur le **dos**.	Bitte legen Sie sich auf den Rücken.
échographie	Sonographie
C'est la première fois que vous **venez** chez nous?	Waren Sie schon einmal bei uns?
Défaites vos **vêtements**.	Bitte machen Sie den Bauch frei.

English · German

threatened **abortion**	drohender Abort
address	Wohnort
adnexa	Adnexe
Do you fell **agitated**?	Haben Sie eine innere Unruhe?
alcohol	Alkohol
Are you **allergic** to any medicines or foodstuffs?	Haben Sie Allergien gegen Medikamente/Nahrungsmittel?
Do you live **alone**?	Sind Sie allein zu Hause?
information about the **anaesthetic**	Narkoseinformation
Throat **anaesthetic**: Please open your mouth as wide as possible, please swallow.	Zur Rachenbetäubung: Bitte machen Sie den Mund weit auf … bitte schlucken!
anti-thrombosis stockings	Antithrombosestrümpfe
to empty the **anus** bag	Anusbeutel leeren
Could you please insert the second thermometer with the plastic foil into your **anus** (bum)?	Das 2. Thermometer führen Sie bitte mit der Folie in den After ein.
How is your **appetite**?	Was ist mit dem Appetit?
appointment	Besprechung
Please give me your right/left **arm**.	Geben Sie mir bitte den rechten/ linken Arm.
armpit	Achselhöhle
Please hold out your **arms**.	Die Arme ausstrecken, bitte.
Take your rectal and **axillary** temperature.	Messen Sie bitte rektal/axillar.
Could you please lie on your **back**?	Bitte legen Sie sich auf den Rücken.
to change the **bandage**	Verbandwechsel

hip **bath**	Sitzbad
Can you **bear** it?	Ist es noch auszuhalten?
This is your **bed**.	Hier ist ihr Bett.
Could you get up, please? I have to make the **bed**.	Stehen Sie bitte auf, ich möchte das Bett machen.
You have to stay in **bed**.	Sie müssen im Bett bleiben.
You have to remain in **bed**.	strenge Bettruhe
We will show you to your **bed**	Wir begleiten Sie in Ihr Bett.
Let me know if you need a **bed** pan.	Sollten Sie eine Pfanne (Flasche) benötigen, sagen Sie es mir bitte.
bedpan	Bettschieber
This ist your **bedside** table.	Hier ist ihr Nachttisch.
What **belongs** to you?	Was gehört Ihnen?
What do you eat **between** meals?	Was essen Sie zu den Zwischenmahlzeiten?
Do you eat regulary **between** meals?	Essen Sie regelmäßig Ihre Zwischenmahlzeiten?
bladder catheter	Blasenkatheter
bladder training	Blasentraining
Do you have **bleeding** from the vagina? (similar to a period or less?)	Haben Sie vaginale Blutung? (Periodenstark oder weniger?)
blood pressure	Blutdruck
I would like to take your **blood** pressure.	Ich möchte bei Ihnen den Blutdruck messen.
to take **blood**	Blutentnahme
Now I am going to take your pulse and measure your **blood** pressure.	Ich werde Ihnen jetzt den Puls und den Blutdruck messen.
blood sugar	Blutzucker

Since when have you had **blood** sugar?	Seit wann haben Sie Blutzucker?
blood sugar measuring apparatus	Blutzuckermeßgerät
blood sugar value	Blutzuckerwert
self-monitoring of **blood** sugar	Blutzuckerselbstkontrolle
Do you measure your **blood** sugar yourself?	Machen Sie Blutzuckerselbstkontrolle?
When do you measure your **blood** sugar?	Wann machen Sie Blutzuckerselbstkontrolle?
We will take some **blood** from your finger.	Wir nehmen Ihnen am Finger Blut ab.
Can I have your finger, please? I have to take some **blood**.	Geben Sie mir bitte Ihre Hand, ich muß Ihnen am Finger Blut abnehmen.
Can you please drink this sugar solution now? You should then return here to have your **blood** taken in one or two hours. Please don't eat anything in the meantime.	Bitte trinken Sie diese Zuckerlösung und kommen Sie dann in ein bzw. zwei Stunden wieder zum Blutabnehmen zurück. Bitte in dieser Zeit nichts essen.
We have to take some **blood**.	Wir müssen Ihnen jetzt Blut abnehmen.
How are your **bowel** movements? When were you last on the toilet?	Hatten Sie Stuhlgang? Wann zuletzt?
Did you empty your **bowels** yesterday?	Hatten Sie gestern Stuhlgang?
What do you have for **breakfast**?	Was essen Sie zum Frühstück?
breast tumor	Mammatumor
Can you **breath** easily?	Bekommen Sie gut Luft?
Please try to hold your **breath** during the examination.	Versuchen Sie bitte die Luft während der Untersuchung zu halten.

Please **breathe** through your nose and let your saliva dribble.	Bitte ruhig durch die Nase atmen und den Speichel laufen lassen.
Could you please **breathe** deeply?	Bitte tief durchatmen.
Try to relax and to **breathe** calmly.	Versuchen Sie entspannt zu bleiben und ruhig durchzuatmen.
Breathe in, hold your breath, breathe out.	Einatmen, nicht atmen, weiteratmen.
Are you having problems **breathing**?	Bekommen Sie schlecht Luft?
Cal	Kcal
This is the **call** button for the nurses. Push it whenever you need help.	Hier ist die Schwesternrufanlage, melden Sie sich bitte, wenn Sie Hilfe brauchen.
Try to lie as **calmly** as possible. Try not to move.	Bitte ruhig und entspannt liegen bleiben, nicht bewegen.
Please lie as **calmly** as possible. Do not move. Put your hands above your head.	Bleiben Sie ganz ruhig liegen, bewegen Sie sich nicht mehr und nehmen die Arme nach oben unter den Kopf.
carbohydrate exchange	BE = Broteinheit
12 **carbohydrate** are 1 carbohydrate exchange	12 Kohlenhydrate sind 1 BE
carbohydrates	Kohlenhydrate
The doctor will attach a **catheter**.	Der Arzt wird Ihnen jetzt einen Katheter legen.
cellulose	Zellstoff
central vein pressure	Zentraler Venenkatheter (ZVK)
to measure the **central** vein pressure	ZVD messen
cervix carcinoma	Cervix CA
chemotherapy	Chemotherapie

How many **children** do you have?	Wieviel Kinder haben Sie?
Please **clench** your first.	Machen Sie bitte eine Faust.
clergyman	Geistlicher
communion day	Kommunion-Tag
Where does it hurt? What sort of **complaints** do you have?	Was haben Sie für Beschwerden?
contact lenses	Kontaktlinsen
Please remember to pay your **contribution** to the hospital and the telephone bill before you leave.	Vor der Entlassung bitte den Eigenanteil und das Telefon bezahlen.
Corpus carcinoma	Corpus CA
crackers	Zwieback
Please go to **cubicle** number 1.	Gehen Sie in Kabine Nr. 1
This is your **cupboard**.	Hier ist Ihr Schrank.
consequential **damages**	Folgeschäden
daily routine	Tagesprofil
date of birth	Geburtsdatum
delivery date	Entbindungstermin
dentures	Zahnprothese
Do you wear **dentures**?	Haben Sie ein Gebiß?
Do you wear **dentures**? Have you taken them out?	Tragen Sie eine Zahnprothese? Ist sie entfernt?
Could you please take off any jewellery, hair clips and **dentures**.	Schmuck bitte ausziehen, Haarklammern und Zahnprothese entfernen.
diabetes mellitus	Diabetes mellitus
consequences of **diabetes**	diabetische Folgeschäden

Are you **diabetic**?	Sind Sie Diabetiker/-in?
insulin dependent – type 1 **diabetic**	insulinabhängig – Typ I Diabetiker
not insulin dependent – type 2 **diabetic**	nicht insulinabhängig – Typ II Diabetiker
diabetic coma	diabetisches Koma
Have you attended a **diabetic** course?	Haben Sie schon eine Diabetikerschulung mitgemacht?
Your GP will be sent the **diagnosis**.	Ihr Hausarzt bekommt den Befund zugeschickt.
Do you have to take the results/ **diagnosis** with you?	Müssen Sie die Befunde mitnehmen?
diet	Ernährung
Do you follow a specific **diet**?	Müssen Sie eine bestimmte Diät einhalten?
What do you have for **dinner**?	Was essen Sie zum Abendessen?
dislocation (of bone)/to change ward	Umlagerung
What do you **do**?	Was arbeiten Sie?
The **doctor** will be here in a moment.	Der Arzt kommt gleich.
Please wait here, the **doctor** would like a word with you.	Bitte bleiben Sie noch hier; der Arzt möchte mit Ihnen sprechen.
The **doctor** would like a word with you.	Der Arzt spricht noch mit Ihnen.
This is Dr. ..., our **doctor**.	Dies ist Dr. ..., unser Arzt.
You can get **dressed** now.	Sie können sich wieder anziehen.
dressing gown	Bademantel
to give to **drink**	zu trinken geben
Could you please finish the **drink**?	Trinken Sie bitte den Becher leer.

Try to **drink** as much as possible.	Bitte viel trinken.
Please do not eat or **drink** anything for at least an hour.	Bitte mit dem Essen und Trinken eine Stunde warten.
Now I will attach you to a **drip**.	Jetzt lege ich Ihnen einen venösen Zugang.
drip attachement	Braunüle
Now you will get a small prick in your **ear**/finger.	Jetzt gibt es einen kleinen Stich ins Ohr/am Finger.
When did you last **eat**?	Wann war die letzte Nahrungsaufnahme?
Can you **eat** everything?	Können Sie alles essen?
Please wait an hour before you **eat** or drink anything.	Bitte mit dem Essen und Trinken eine Stunde warten.
What would you like to **eat**?	Was möchten Sie essen?
ECG	EKG
An **ECG** is being written.	Ein EKG wird geschrieben.
enema	Einlauf
Please lie on your left side. We will give you an **enema**.	Bitte legen Sie sich auf die linke Seite, Sie bekommen jetzt einen Einlauf.
Try to hold the **enema** for about five minutes before going to the toilet.	Bitte den Einlauf ca. fünf Minuten anhalten und dann auf das WC gehen.
ERCP	ERCP
examination	Untersuchung
The **examination** is over.	Die Untersuchung ist beendet.
After the **examination**: Could you please sit up and spit the rest of the saliva into the tissue.	Nach der Untersuchung: Bitte setzen Sie sich auf und spucken Sie den restlichen Speichel in den Zellstoff.

Now we will begin the **examination**	Nun beginnen wir mit der Untersuchung.
During the **examination**: As a result of the air supply you may have some painful wind.	Während der Untersuchung: Durch die Luftzufuhr entstehen schmerzende Blähungen.
Could you please follow me to the **examination**.	Gehen Sie bitte mit zur Untersuchung.
The doctor is going to **examine** you.	Der Arzt wird Sie untersuchen.
You will be **examined**.	Sie haben eine Untersuchung.
eyes	Augen
Could you please open your **eyes**?	Bitte öffnen Sie die Augen.
face cloth	Waschlappen
Do you have any **family**?	Haben Sie Angehörige?
Tomorrow you will have to **fast**.	Morgen müssen Sie nüchtern bleiben.
fasting; NPO (nil per oram)	nüchtern
fasting blood glucose	Nüchtern-Blutzucker
fat	Fett
feet	Füße
care of the **feet**	Fußpflege
Now you will get a small prick in your ear/**finger**.	Jetzt gibt es einen kleinen Stich ins Ohr/am Finger.
You are **finished** now and free to leave.	Sie sind fertig und dürfen gehen.
first name	Vorname
food	Ernährung
Are you allergic to any medicines or **foodstuffs**?	Haben Sie Allergien gegen Medikamente/Nahrungsmittel?

footbath	Fußbad
fruit	Obst
fruit juices	Obstsäfte
gastroscopy	Gastroskopie
to rinse **genitals** in bed	Genitale abspülen im Bett
You can **get** up now, dress yourself and wait outside.	Sie dürfen wieder aufstehen und sich anziehen und draußen warten.
Could you **give** me your right/left arm, please?	Geben Sie mir bitte den rechten/ linken Arm.
glasses	Brille
Do you wear **glasses**?	Tragen Sie eine Brille?
Good morning/afternoon. I am nurse	Guten Tag, ich bin Schwester ... .
Good morning/afternoon. I am nurse ... and would like to bring you to the ward. Would you like a wheelchair?	Guten Tag, ich bin Sr. ... und möchte Sie gern auf Station abholen. Rollstuhl?
Good morning/afternoon. Have you already been x-rayed here?	Guten Tag. Waren Sie schon einmal bei uns zum Röntgen?
GP (General Physician)	Hausarzt
The diagnoses will be sent to your **GP**.	Ihr Hausarzt bekommt den Befund zugeschickt.
greetings	Begrüßung
I will bring you something to **gurgle**.	Ich bringe Ihnen was zum Gurgeln.
gynecological ultra-sound examination	Gyn-Sono
to wash one's **hair**	Haare waschen

Could you please take off any jewellery, **hair** clips and dentures.	Schmuck bitte ausziehen, Haarklammern und Zahnprothese entfernen.
Have you been here before?	Waren Sie schon einmal bei uns?
Do you have a **headache**?	Haben Sie Kopfschmerzen?
These are **headphones**. You can listen to news, music and religious services.	Das ist ein Kopfhörer. Nachrichten, Musik und heilige Messe werden übertragen.
Do you have your **health** insurance card with you?	Haben Sie Ihre KV-Karte dabei?
Do you have a **hearing** aid?	Haben Sie ein Hörgerät?
Do you need **help** with the washing?	Brauchen Sie Hilfe beim Waschen?
Do you need my **help**?	Benötigen Sie meine Hilfe?
Can I **help** you?	Kann ich Ihnen helfen?
higher than normal levels of glucose (hyperglycaemia)	Überzucker
hip bath	Sitzbad
Could you please **hold** the swab?	Könnten Sie bitte diesen Tupfer festhalten?
to (go) **home**	nach Hause gehen
You are now free to go **home**.	Sie können jetzt nach Hause gehen.
Have you been in a **hospital** before?	Waren Sie schon einmal im Krankenhaus?
The doctor says it is all right for you to take a walk in the **hospital** grounds.	Der Arzt erlaubt Ihnen im Patientengarten spazieren zu gehen.
hospital robe	OP-Hemd
hourly urine	Stundenurin

How are you?	Wie geht es Ihnen?
Are you **hungry**?	Haben Sie Hunger?
Where does it **hurt**?	Wo haben Sie Schmerzen?
Where does it **hurt**? What sort of complaints do you have?	Was haben Sie für Beschwerden?
personal **hygiene**	Intimpflege
hyperglycaemia	Hyperglykämie
hypoglycaemia	Hypoglykämie
All of the questions on the **information** leaflet.	Alle Fragen des Aufnahmebogens.
Have you read and signed the **information** leaflet?	Haben Sie den Aufklärungsbogen durchgelesen und unterschrieben?
infuser	Infusiomat
infusion	Infusion
inhaler apparatus	Inhalierer
injection	Spritze
please give an **injection**	Bitte spritzen.
I have to give an **injection** in preparation for the examination.	Ich muß Sie vorbereiten zur Untersuchung – eine Spritze geben.
When we **insert** this apparatus, please try to swallow.	Beim Einführen des Gerätes: Bitte schlucken Sie.
insulin	Insulin
Do you take **insulin**?	Spritzen Sie Insulin?
How much **insulin** do you take?	Wieviel Einheiten Insulin spritzen Sie?
insulin injection	Insulinspritzen
to empty the bowel/**intestines**	Darm spülen

to insert an **intestine** tube	ein Darmrohr legen
jewellery	Schmuck
Could you please take off any **jewellery**, hair clips and dentures.	Schmuck bitte ausziehen, Haarklammern und Zahnprothese entfernen.
Do you have a **job**?	Sind Sie berufstätig?
kidney	Niere
kitchen	Küche
kJ	KJ
Please **kneel** on the examination stool. Then bend forward. Be careful we are going to tilt the stool.	Bitte knien Sie auf den Untersuchungsstuhl, beugen Sie sich nach vorne. Vorsicht, wir kippen den Stuhl nach unten.
laboratory	Labor
last rites	Krankensalbung
a **late** meal	Spätmahlzeit
Have you drunk all of the **laxative** tea?	Haben Sie den Abführtee getrunken?
Could you please **lean** your legs here?	Bitte stellen Sie die Beine an.
Please remember to pay your part of the hospital bill and the telephone bill before you **leave**.	Vor der Entlassung bitte den Eigenanteil und das Telefon bezahlen.
You can **leave** your personal things over here.	Ihre Sachen können sie dort ablegen.
Could you lift your **leg**, please?	Das Bein hoch heben, bitte.
Could you please show me your right/left **leg**?	Zeigen Sie mir bitte das rechte/linke Bein.
Please **lie** down.	Bitte legen Sie sich hin.

Would you like to **lie** higher or lower?	Möchten Sie höher oder tiefer liegen?
to **lie** on one's side	Seitenlagerung
Could you please **lie** on your back?	Bitte legen Sie sich auf den Rücken.
Please **lie** on your back.	Legen Sie sich mit dem Rücken auf den Tisch.
Please **lie** on your left side.	Bitte legen Sie sich auf die linke Seite.
Please **lift** your left arm.	Heben Sie bitte den linken Arm.
Where do you **live**?	Wo wohnen Sie?
Do you **live** alone?	Wohnen Sie allein?
lower than normal levels of glucose (hypoglycemia)	Unterzucker
Do you have any **luggage**?	Haben Sie Gepäck?
What do you have for **lunch**?	Wie sieht Ihr Mittagessen aus?
Please remain **lying**. You should not stand up again.	Bitte bleiben Sie liegen. Sie sollten nicht mehr aufstehen.
lymph node	Lymphknoten
The **machine** has to remain 24 hours a day.	Das Gerät muß 24 Stunden dran bleiben.
Please follow me to be **measured**.	Gehen Sie bitte mit zur Größe messen.
What **medicines** are you taking?	Was nehmen Sie für Medikamente ein?
Are you allergic to any **medicines** or foodstuffs?	Haben Sie Allergien gegen Medikamente/Nahrungsmittel?
Do you take any **medicines** regularly?	Nehmen Sie regelmäßig Medikamente ein?
metabolism disorder	Stoffwechselentgleisung

discription of the **midstream** urine	Erklärung des Mittelstrahlurins
Have you ever had an **miscarriage**?	Hatten Sie schon eine Fehlgeburt?
monitor	Monitor
I will now switch on a few **monitoring** machines.	Ich werde jetzt einige Überwachungsgeräte anschließen.
Could you open your **mouth**, please?	Mund aufmachen, bitte.
Please open your **mouth** as wide as possible and chew on the mouth piece.	Bitte den Mund weit aufmachen und auf das Mundstück beißen.
These are headphones. You can listen to news, **music** and religous services.	Das ist ein Kopfhörer. Nachrichten, Musik und heilige Messe werden übertragen.
nail polish	Nagellack
name	Name
What is your **name** please?	Wie heißen Sie?
nationality	Nationalität
net stockings	Netzhosen
nephropathy	Nephropathie
neuropathy	Neuropathie
neurotic disease	Nervenerkrankung
night shirt	Nachthemd
NPO (nil per oram); fasting	nüchtern
nurse's aid trainee	Krankenpflegeschüler
obesity	Adipositas
occupation	Beruf
What is your **occupation**?	Was für einen Beruf haben Sie?

Have you already had an **operation**?	Wurden Sie schon einmal operiert?
What kind of **operation** will take place, on which side?	Was für eine Operation wird durchgeführt, welche Seite?
The **operation** is over.	Die Operation ist vorbei.
other patients	Mitpatient
outpatients	amublant
ovarial carcinoma	Ovarialcarcinom
overweight	Übergewicht
to supply **oxygen**	Sauerstoff zuführen
Are you in **pain**? Where ist the pain?	Haben Sie Schmerzen? Wo?
Do you need a **painkiller**?	Benötigen Sie ein Schmerzmittel?
If you need a bed **pan**, let me know.	Sollten Sie eine Pfanne (Flasche) benötigen, sagen Sie es mir bitte.
panties	Schlüpfer
pasta	Nudeln
Before leaving the hospital, don't forget to **pay** the telephone bill and your own part of the hospital bill.	Vor der Entlassung bitte den Eigenanteil und das Telefon bezahlen.
perforator	Perfusor
peridual catheter	Peridualkatheter
When was your last **peroid**?	Wann war ihre letzte Periode?
personal details	Personalienangabe
personal hygiene	Intimpflege
Do you have **phlegm**?	Haben Sie Auswurf?
physiotherapy	Krankengymnastik
Would you like a **pillow**?	Möchten Sie ein Lagerungskissen?

place of birth	Geburtsort
porter	Pforte
potatoes	Kartoffeln
Which week of **pregnancy** are you in?	Wievielte Schwangerschaftswoche?
Are you **pregnant**?	Besteht bei Ihnen eine Schwangerschaft?
Have you received the **premedication** injection or tablet?	Haben Sie die Prämedikations- spritze oder -tablette erhalten?
preparation for operation	OP-Vorbereitung
I have to give you an injection in **preparation** for the examination.	Ich muß Sie vorbereiten zur Untersuchung – eine Spritze geben.
Please **press** here.	Drücken Sie bitte hier drauf.
proctoskopy	Proktoskopie
protein	Eiweiß
public health insurace	Krankenversicherung
pulse	Puls
I'd like to take your **pulse**.	Ich möchte bei Ihnen den Puls messen.
Now I am going to take your **pulse** and measure your blood pressure.	Ich werde Ihnen jetzt den Puls und den Blutdruck messen.
to **put** on clean stockings	frische Strümpfe anziehen
Could you please put on your **pyjama**?	Bitte ziehen Sie den Pyjama an.
Do you fell **queasy**?	Haben Sie Übelkeit?
You are in the **recovery** room.	Sie sind im Aufwachraum.
Please measure your temperatur **rectal**/axillary.	Messen Sie bitte rektal/axillar.

to change the **redon**	Redon wechseln
relatives	Angehörige
Please try to **relax**.	Bitte entspannen Sie sich.
residential	stationär
Take a **rest** first.	Ruhen Sie sich zuerst aus.
Do you have to take the **results/** diagnosis with you?	Müssen Sie die Befunde mitnehmen?
retinoscopy	Rektoskopie
rice	Reis
last **rites**	Krankensalbung
road	Straße
hospital **robe**	OP-Hemd
Could you please **roll** onto your side, pull your knees up, hug them and lean your chin onto your chest.	Drehen Sie sich bitte auf die Seite und machen einen runden Rücken, die Beine an den Bauch ziehen, das Kinn an die Brust.
Could you **roll** onto your back, please?	Bitte drehen Sie sich auf den Rücken.
You will be taken back to your **room**.	Sie kommen wieder auf Ihr Zimmer zurück.
What is your daily **routine**?	Wie sind ihre Gewohnheiten zu Hause?
sanitary towels	Damenbinden
Are you **satisfied**?	Sind Sie zufrieden?
After **sedation**: You will have to stay here for another hour. Can someone pick up?	Bei Sedierung: Sie müssen noch eine Stunde bei uns bleiben. Können Sie abgeholt werden?
You will get the prescribed **sedative**.	Sie bekommen das verordnete Beruhigungsmittel.

You will get a **sedative** before the examination.	Vor der Untersuchung bekommen Sie eine Beruhigungsspritze.
self control	Selbstkontrollen
to **shave**	rasieren
Could you please help me to **shave**?	Bitte helfen Sie mir beim Rasieren.
a small **shop**	Kiosk
Could you please **show** me your right/left leg?	Zeigen Sie mir bitte das rechte/linke Bein.
Could you please turn on your **side**?	Drehen Sie sich bitte auf die Seite.
Please turn your head a little to the **side**.	Drehen Sie bitte Ihren Kopf etwas zur Seite.
Please **sit** down.	Nehmen Sie bitte Platz.
Could you please **sit** down?	Setzen Sie sich bitte.
I'm afraid I have to rub your **skin** briskly to get good contact.	Ich muß die Haut etwas aufrauhen, damit guter Kontakt entsteht.
Did you **sleep** well?	Haben Sie gut geschlafen?
Do you need a **sleeping** tablet?	Benötigen Sie ein Schlafmittel?
Please pull up your **sleeve**.	Können Sie bitte Ihren Arm frei machen?
Do you have a **sore** throat?	Haben Sie Halsschmerzen?
Here ist **space** for your washing things.	Hier ist die Ablage für Waschutensilien.
specialist	Facharzt
We will put a plaster on the **spot** shortly.	Wir machen Ihnen gleich noch ein Pflaster auf die Blutentnahmestelle.
to put on clean **stockings**	frische Strümpfe anziehen
Can I see you **stomach** please?	Bitte machen Sie den Bauch frei.
street	Straße

Could you **stretch** out your arms please?	Die Arme ausstrecken bitte.
Could you please **strip** the waist?	Bitte machen Sie Ihren Oberkörper frei.
Could you please **strip** from the waist down?	Machen Sie bitte den Unterkörper frei.
suction	absaugen
How high is your **sugar** level?	Wie hoch ist Ihr Blutzucker?
suprapubic catheter	Suprabubischer Katheter
Could you please hold the **swab**?	Könnten Sie bitte diesen Tupfer festhalten?
Could you **swallow** hard, please?	Fest schlucken bitte.
tablets	Tabletten
Do you take any **tablets**?	Nehmen Sie Tabletten?
Do you take any **tablets** for your thyroid?	Nehmen Sie Tabletten für die Schilddrüse?
Could you please **take** off your clothes?	Ziehen Sie sich bitte ganz aus.
I will **take** you with the bed.	Ich fahre Sie mit dem Bett
to **talk** to visitors	mit Besuch sprechen
The doctor would like to **talk** to you.	Der Arzt spricht noch mit Ihnen.
Would you like a **telephone**/ television?	Möchten Sie Telefon/Fernseher?
Don't forget to pay your contribution to the hospital bill and the **telephone** bill before leaving.	Vor der Entlassung bitte den Eigenanteil und das Telefon bezahlen.
to **telephone** – dial 0, wait for the tone, then dial the code and then the telephone number.	Telefonieren = 0 wählen, auf Freizeichen warten, danach Vorwahl und Telefonnummer.

telephone number	Telefonnummer
What ist your **telephone** number?	Wie ist Ihre Telefonnummer?
Would you like a telephone/ **television**?	Möchten Sie Telefon/Fernseher?
temperature	Fieber
I would like to take your **temperature**.	Ich möchte bei Ihnen die Temperatur (rektal) messen.
Please take your **temperature** rectal/axillary.	Messen Sie bitte rektal/axillar.
dip-and-read-**test** strip	Teststreifen
I am going to give you a **tetanus** shot.	Ich werde Ihnen jetzt eine Tetanusimpfung verabreichen.
I will give you the **thermometer**.	Ich gebe Ihnen das Thermometer.
Please put the **thermometer** under your arm.	Bitte legen Sie das Thermometer unter den Arm.
Could you please insert the second **thermometer** with the foil in the anus?	Das 2. Thermometer führen Sie bitte mit der Folie in den After ein.
Are you **thirsty**?	Haben Sie Durst?
Thirsty – What would you like to drink?	Durst – Was möchten Sie trinken?
Do you have a sore **throat**?	Haben Sie Halsschmerzen?
Are you **tired**?	Sind Sie müde?
toilet chair	Nachtstuhl
Do you need a **toilet** chair or a urine container?	Brauchen Sie einen Nachtstuhl/eine Urinflasche?
The **toilet** is next door.	Die Toilette ist nebenan.
When have you last been to the **toilet**?	Wann hatten Sie den letzten Stuhlgang?

Do you need to go to the **toilet**?	Müssen Sie auf die Toilette?
The **toilet** is directly opposite.	Die Toilette befindet sich gleich gegenüber.
Could you please go to the **toilet**?	Gehen Sie bitte auf die Toilette.
Have you been to **toilet**?	Haben Sie abgeführt?
When did you last go to the **toilet**?	Wann haben Sie zuletzt Urin gelassen?
Could you please stick your **tongue** out?	Zeigen Sie bitte die Zunge.
towel	Handtuch
Could you **turn** onto your side, please?	Drehen Sie sich bitte auf die Seite.
Please **turn** onto your left side.	Drehen Sie sich auf die linke Seite.
Please **turn** to the right and put your hands above your head.	Drehen Sie sich nach rechts und nehmen die Arme nach oben auf den Kopf.
gynecological **ultra**-sound examination	Gyn-Sono
ultrasonographic	Sonographie
upper abdomen ultra-sound	Oberbauchsono
Could you please rest the **upper** half of your body and keep your arms at your side?	Mit dem Oberkörper anlehnen und die Arme nach unten nehmen.
urinary bladder	Harnblase
urine test	Urinkontrolle
urine sugar	Urinzucker
description of midstream **urine**	Erklärung des Mittelstrahlurins
hourly **urine**	Stundenurin

Could you give us a **urine** sample, please?	Können Sie eine Urinprobe abgeben?
You still have to give a **urine** sample.	Sie sollten noch Urin abgeben.
You have to collect **urine** over 24 hours. Keep the container away from direct sunlight. We will place a urine sample container in the hatch. Put it back there when you are ready.	In diesem Behälter sollten Sie 24 Stunden lang Urin sammeln. Den Behälter bitte lichtgeschützt aufbewahren. Einen Urinbecher stellen wir in die Durchreiche. Sie können den Becher dorthin wieder zurückstellen.
urodynamics	Urodynamik
Do you have bleeding from the **vagina**? (Similar to a period or less?)	Haben Sie vaginale Blutung? (Periodenstark oder weniger?)
Your **valuables** can be looked after by us.	Wertgegenstände können bei uns eingeschlossen werden.
venflon	Viggo
visit	Besuch/Visite
to talk to the **visitors**	mit Besuch sprechen
Could you please sit down in the **waiting** room? You will be called when it is your turn.	Setzen Sie sich bitte in das Wartezimmer; Sie werden aufgerufen.
Do you have a **walking** stick?	Haben Sie einen Gehstock?
Which **ward** are you in?	Auf welcher Station liegen Sie?
to **wash** hair	Haare waschen
wash baisin	Waschschüssel
Could you please help me with the **washing**?	Bitte helfen Sie mir beim Waschen.
Do you need help with the **washing**?	Brauchen Sie Hilfe beim Waschen?

Could you please follow me to the **weighing** scales?	Gehen Sie bitte mit zum Wiegen.
Please be careful not to get the mashine **wet**.	Bitte achten Sie darauf, daß das Gerät nicht naß wird.
I will take you with the **wheelchair**.	Ich fahre Sie mit dem Rollstuhl.
wig	Haarperücke
womb	Gebärmutter
wound drainage	Wunddrainage
x-ray	Röntgen
You will be taken to be **x-rayed** now.	Sie werden nun zum Röntgen gebracht.

threatened **abortion**	drohender Abort
adnexa	Adnexe
Do you fell **agitated**?	Haben Sie eine innere Unruhe?
Are you **allergic** to any medicines or foodstuffs?	Haben Sie Allergien gegen Medikamente/Nahrungsmittel?
Do you live **alone**?	Sind Sie allein zu Hause?
information about the **anaesthetic**	Narkoseinformation
anti-thrombosis stockings	Antithrombosestrümpfe
to empty the **anus** bag	Anusbeutel leeren
How is your **appetite**?	Was ist mit dem Appetit?
appointment	Besprechung
armpit	Achselhöhle
Please hold out your **arms**.	Die Arme ausstrecken, bitte.
Take your rectal and **axillary** temperature.	Messen Sie bitte rektal/axillar.
to change the **bandage**	Verbandwechsel
hip **bath**	Sitzbad
This is your **bed**.	Hier ist ihr Bett.
Could you get up, please? I have to make the **bed**.	Stehen Sie bitte auf, ich möchte das Bett machen.
You have to stay in **bed**.	Sie müssen im Bett bleiben.
You have to remain in **bed**.	strenge Bettruhe
bedpan	Bettschieber
This ist your **bedside** table.	Hier ist ihr Nachttisch.
What **belongs** to you?	Was gehört Ihnen?
bladder catheter	Blasenkatheter

bladder training	Blasentraining
Do you have **bleeding** from the vagina? (Similar to a period or less?)	Haben Sie vaginale Blutung? (Periodenstark oder weniger?)
blood pressure	Blutdruck
I would like to take your **blood** pressure.	Ich möchte bei Ihnen den Blutdruck messen.
to take **blood**	Blutentnahmen
How are your **bowel** movements? When were you last on the toilet?	Hatten Sie Stuhlgang? Wann zuletzt?
Did you empty your **bowels** yesterday?	Hatten Sie gestern Stuhlgang?
Are you having problems **breathing**?	Bekommen Sie schlecht Luft?
breast tumour	Mammatumor
This is the **call** button for the nurses. Push it whenever you need help.	Hier ist die Schwesternrufanlage, melden Sie sich bitte, wenn Sie Hilfe brauchen.
cellulose	Zellstoff
central vein pressure	Zentraler Venenkatheter (ZVD)
to measure the **central** vein pressure	ZVK messen
cervix carcinoma	Cervix CA
chemotherapy	Chemotherapie
How many **children** do you have?	Wieviel Kinder haben Sie?
clergyman	Geistlicher
communion day	Kommunion-Tag
contact lenses	Kontaktlinsen

Please remember to pay your **contribution** to the hospital and the telephone bill before you leave.	Vor der Entlassung bitte den Eigenanteil und das Telefon bezahlen.
Corpus carcinoma	Corpus CA
crackers	Zwieback
This is your **cupboard**.	Hier ist Ihr Schrank.
date of birth	Geburtsdatum
delivery date	Entbindungstermin
dentures	Zahnprothese
Do you wear **dentures**?	Haben Sie ein Gebiß?
Are you **diabetic**?	Sind Sie Diabetiker/-in?
Do you follow a specific **diet**?	Müssen Sie eine bestimmte Diät einhalten?
dislocation (of bone)/to change ward	Umlagerung
What do you **do**?	Was arbeiten Sie?
The **doctor** will be here in a moment.	Der Arzt kommt gleich.
The **doctor** would like a word with you.	Der Arzt spricht noch mit Ihnen.
dressing gown	Bademantel
to give to **drink**	zu trinken geben
Try to **drink** as much as possible.	Bitte viel trinken.
drip attachment	Braunüle
Can you **eat** everything?	Können Sie alles essen?
What would you like to **eat**?	Was möchten Sie essen?
ECG	EKG

An **ECG** is being written.	Ein EKG wird geschrieben.
enema	Einlauf
examination	Untersuchung
Could you please follow me to the **examination**.	Gehen Sie bitte mit zur Untersuchung.
The doctor is going to **examine** you.	Der Arzt wird Sie untersuchen.
You will be **examined**.	Sie haben eine Untersuchung.
face cloth	Waschlappen
Do you have any **family**?	Haben Sie Angehörige?
Tomorrow you will have to **fast**.	Morgen müssen Sie nüchtern bleiben.
fasting; NPO (nil per oram)	nüchtern
first name	Vorname
Are you allergic to any medicines or **foodstuffs**?	Haben Sie Allergien gegen Medikamente/Nahrungsmittel?
footbath	Fußbad
to rinse **genitals** in bed	Genitalabspülung im Bett
glasses	Brille
Do you wear **glasses**?	Tragen Sie eine Brille?
Good morning/afternoon. I am nurse ... and would like to bring you to the ward. Would you like a wheelchair?	Guten Tag, ich bin Sr. ... und möchte Sie gern auf Station abholen. Rollstuhl?
GP (General Physician)	Hausarzt
I will bring you something to **gurgle**.	Ich bringe Ihnen was zum Gurgeln.

gynecological ultra-sound examination	Gyn-Sono
to wash one's **hair**	Haare waschen
Do you have a **headache**?	Haben Sie Kopfschmerzen?
These are **headphones**. You can listen to news, music and religious services.	Das ist ein Kopfhörer. Nachrichten, Musik und heilige Messe werden übertragen.
Do you have a **hearing** aid?	Haben Sie ein Hörgerät?
Do you need **help** with the washing?	Brauchen Sie Hilfe beim Waschen?
Do you need my **help**?	Benötigen Sie meine Hilfe?
hip bath	Sitzbad
Please **hold** out your arms.	Die Arme ausstrecken, bitte.
to go **home**	nach Hause gehen
Have you been in **hospital** before?	Waren Sie schon einmal im Krankenhaus?
The doctor says it is all right for you to take a walk in the **hospital** grounds.	Der Arzt erlaubt Ihnen, im Patientengarten spazieren zu gehen.
hospital robe	OP-Hemd
hourly urine	Stundenurin
How are you?	Wie geht es Ihnen?
Are you **hungry**?	Haben Sie Hunger?
personal **hygiene**	Intimpflege
All of the questions on the **information** leaflet.	Alle Fragen des Aufnahmebogens.
infuser	Infusiomat
infusion	Infusion
inhaler apparatus	Inhalierer

injection	Spritze
to give an **injection**	spritzen
I have to prepare you for the examination/give you an **injection**.	Ich muß Sie für die Untersuchung vorbereiten/Ihnen eine Spritze geben.
to insert an **intestine** tube	Darmrohre legen
to empty the bowel/**intestines**	Darm spülen
jewellery	Schmuck
Do you have a **job**?	Sind Sie berufstätig?
kitchen	Küche
laboratory	Labor
last rites	Krankensalbung
Please remember to pay your part of the hospital bill and the telephone bill before you **leave**.	Vor der Entlassung bitte den Eigenanteil und das Telefon bezahlen.
Could you lift your **leg**, please?	Das Bein hoch heben, bitte.
to **lie** on one's side	Seitenlagerung
Where do you **live**?	Wo wohnen Sie?
Do you **live** alone?	Wohnen Sie allein?
Do you have any **luggage**?	Haben Sie Gepäck?
lymph node	Lymphknoten
Please follow me to be **measured**.	Gehen Sie bitte mit zur Größe messen.
What **medicines** are you taking?	Was nehmen Sie für Medikamente ein?
Are you allergic to any **medicines** or foodstuffs?	Haben Sie Allergien gegen Medikamente/Nahrungsmittel?
Do you take any **medicines** regularly?	Nehmen Sie regelmäßig Medikamente ein?

discription of the **midstream** urine	Erklärung des Mittelstrahlurins
Have you already had an **miscarriage**?	Hatten Sie schon eine Fehlgeburt?
monitor	Monitor
Could you open your **mouth**, please?	Mund aufmachen, bitte.
These are headphones. You can listen to news, **music** and religous services.	Das ist ein Kopfhörer. Nachrichten, Musik und heilige Messe werden übertragen.
nail polish	Nagellack
name	Name
What is your **name** please?	Wie heißen Sie?
nationality	Nationalität
net stockings	Netzhosen
night shirt	Nachthemd
NPO (nil per oram); fasting	nüchtern
nurse's aid trainee	Krankenpflegeschüler
occupation	Beruf
What is your **occupation**?	Was für einen Beruf haben Sie?
Have you had an **operation** before?	Wurden Sie schon einmal operiert?
other patients	Mitpatient
outpatients	amublant
ovarial carcinoma	Ovarialcarcinom
to supply **oxygen**	Sauerstoff zuführen
Are you in **pain**? Where ist the pain?	Haben Sie Schmerzen? Wo?
Do you need a **pain** killer?	Benötigen Sie ein Schmerzmittel?
panties	Schlüpfer

Don't forget to **pay** your contribution to the hospital bill and the telephone bill.	Vor der Entlassung bitte den Eigenanteil und das Telefon bezahlen.
perforator	Perfusor
peridual catheter	Peridualdauerkatheter
When was your last **peroid**?	Wann war ihre letzte Periode?
personal details	Personalienangabe
personal hygiene	Intimpflege
Do you have **phlegm**?	Haben Sie Auswurf?
physiotheraphy	Krankengymnastik
place of birth	Geburtsort
place of residence	Wohnort
porter	Pforte
Which week of **pregnancy** are you in?	Wievielte Schwangerschaftswoche?
preparation for operation	OP-Vorbereitung
I have to give you an injection in **preparation** for the examination.	Ich muß Sie vorbereiten zur Untersuchung – eine Spritze geben.
public health insurance	Krankenversicherung
pulse	Puls
I'd like to take your **pulse**.	Ich möchte bei Ihnen den Puls messen.
to **put** on clean stockings	frische Strümpfe anziehen
Could you please put on the **pyjama**?	Bitte ziehen Sie den Pyjama an.
Do you fell **queasy**?	Haben Sie Übelkeit?
Please measure your temperatur **rectal** and axillary.	Messen Sie bitte rektal/axillar.

to change the **redon**	Redon wechseln
relatives	Angehörige
residential	stationär
Take a **rest** first.	Ruhen Sie sich zuerst aus.
last **rites**	Krankensalbung
road, street	Straße
hospital **robe**	OP-Hemd
What is your daily **routine**?	Wie sind ihre Gewohnheiten zu Hause?
sanitary towels	Damenbinden
Are you **satisfied**?	Sind Sie zufrieden?
You will get the prescribed **sedative**.	Sie bekommen das verordnete Beruhigungsmittel.
to **shave**	rasieren
Could you please help me to **shave**?	Bitte helfen Sie mir beim Rasieren.
a small **shop**	Kiosk
Could you please **sit** down?	Setzen Sie sich bitte.
Did you **sleep** well?	Haben Sie gut geschlafen?
Do you need a **sleeping** tablet?	Benötigen Sie ein Schlafmittel?
Do you have a **sore** throat?	Haben Sie Halsschmerzen?
Here is **space** for your washing things.	Hier ist die Ablage für Waschutensilien.
specialist	Facharzt
to put on clean **stockings**	frische Strümpfe anziehen
street, road	Straße
to **suck** off	absaugen

suprapubic catheter	Suprabubischer Katheter
Could you **swallow** hard, please?	Fest schlucken bitte.
I will **take** you with the bed.	Ich fahre Sie mit dem Bett
to **talk** to visitors	mit Besuch sprechen
Would you like a **telephone** or television?	Möchten Sie Telefon/Fernseher?
Don't forget to pay your contribution to the hospital bill and the **telephone** bill.	Vor der Entlassung bitte den Eigenanteil und das Telefon bezahlen.
to **telephone** – dial 0, wait for the tone, then dial the code and then the telephone number.	Telefonieren = 0 wählen, auf Freizeichen warten, danach Vorwahl und Telefonnummer.
telephone number	Telefonnummer
What ist your **telephone** number?	Wie ist Ihre Telefonnummer?
Would you like a telephone/ **television**?	Möchten Sie Telefon/Fernseher?
temperature	Fieber
I would like to take your **temperature**.	Ich möchte bei Ihnen die Temperatur (rektal) messen.
Please take your **temperature** rectal and axillary.	Messen Sie bitte rektal/axillar.
I will give you the **thermometer**.	Ich gebe Ihnen das Thermometer.
Are you **thirsty**?	Haben Sie Durst?
Thirsty – What would you like to drink?	Durst – Was möchten Sie trinken?
Do you have a sore **throat**?	Haben Sie Halsschmerzen?
Are you **tired**?	Sind Sie müde?
toilet chair	Nachtstuhl

Do you need a **toilet** chair/urine container?	Brauchen Sie einen Nachtstuhl/eine Urinflasche?
When have you last been to the **toilet**?	Wann hatten Sie den letzten Stuhlgang?
Do you need to go to the **toilet**?	Müssen Sie auf die Toilette?
When did you last go to the **toilet**?	Wann haben Sie zuletzt Urin gelassen?
Could you please stick your **tongue** out?	Zeigen Sie bitte die Zunge.
towel	Handtuch
gynecological **ultra**-sound examination	Gyn-Sono
upper abdomen ultra-sound	Oberbauchsono
urinary bladder	Harnblase
urine test	Urinkontrolle
description of midstream **urine**	Erklärung des Mittelstrahlurins
hourly **urine**	Stundenurin
Could you give us a **urine** sample please?	Können Sie eine Urinprobe abgeben?
urodynamics	Urodynamik
Do you have bleeding from the **vagina**? (Similar to a period or less?)	Haben Sie vaginale Blutung? (Periodenstark oder weniger?)
Your **valuables** can be looked after by us.	Wertgegenstände können bei uns eingeschlossen werden.
venflon	Viggo
visit	Besuch/Visite
to talk to **visitors**	mit Besuch sprechen

Could you please sit down in the **waiting** room? You will be called, when it is your turn.	Setzen Sie sich bitte in das Wartezimmer; Sie werden aufgerufen.
Do you have a **walking** stick?	Haben Sie einen Gehstock?
to **wash** one's hair	Haare waschen
wash baisin	Waschschüssel
Could you please help me with the **washing**?	Bitte helfen Sie mit beim Waschen.
Do you need help with the **washing**?	Brauchen Sie Hilfe beim Waschen?
Could you please follow me to the **weighing** scales?	Wir werden Sie wiegen.
I will take you with the **wheelchair**.	Ich fahre Sie mit dem Rollstuhl.
wig	Haarperücke
womb	Gebärmutter
The doctor would like a **word** with you.	Der Arzt spricht noch mit Ihnen.
wound drainage	Wunddrainage
x-ray	Röntgen
You will be taken to the **x-rayed** now.	Sie werden nun zum Röntgen gebracht.

We will show you to your **bed**	Wir begleiten Sie in Ihr Bett.
Can you **breathe** easily?	Bekommen Sie gut Luft?
The doctor will attach a **catheter**.	Der Arzt wird Ihnen jetzt einen Katheter legen.
Do you wear **dentures**? Have you taken them out?	Tragen Sie eine Zahnprothese? Ist sie entfernt?
Now I will attach you to a **drip**.	Jetzt lege ich Ihnen einen venösen Zugang.
When did you last **eat**?	Wann war die letzte Nahrungsaufnahme?
Could you please open your **eyes**?	Bitte öffnen Sie die Augen.
greetings	Begrüßung
Where does it **hurt**?	Wo haben Sie Schmerzen?
Please **lift** your left arm.	Heben Sie bitte den linken Arm.
I will now switch on a few **monitoring** machines.	Ich werde jetzt einige Überwachungsgeräte anschließen.
What is your **name**, please?	Wie lautet Ihr Name?
What kind of **operation** will take place, on which side?	Was für eine Operation wird durchgeführt, welche Seite?
The **operation** is over.	Die Operation ist vorbei.
Have you received the **premedication** injection or tablet?	Haben Sie die Prämedikations-spritze oder -tablette erhalten?
You are in the **recovery** room.	Sie sind im Aufwachraum.
Could you please **roll** onto your side, pull your knees up, hug them and lean your chin onto your chest.	Drehen Sie sich bitte auf die Seite und machen einen runden Rücken, die Beine an den Bauch ziehen, das Kinn an die Brust.
You will be taken back to your **room**.	Sie kommen wieder auf Ihr Zimmer zurück.

Could you please insert the second thermometer with the plastic foil into your **anus** (bum)?	Das 2. Thermometer führen Sie bitte mit der Folie in den After ein.
Please give me your right/left **arm**.	Geben Sie mir bitte den rechten/ linken Arm.
Let me know if you need a **bed** pan.	Sollten Sie eine Pfanne (Flasche) benötigen, sagen Sie es mir bitte.
Now I am going to take your pulse and measure your **blood** pressure.	Ich werde Ihnen jetzt den Puls und den Blutdruck messen.
This is Dr. ..., our **doctor**.	Dies ist Dr. ..., unser Arzt.
Could you **give** me your right/left arm, please?	Geben Sie mir bitte den rechten/ linken Arm.
Good morning/afternoon. I am nurse	Guten Tag, ich bin Schwester ... .
Can I **help** you?	Kann ich Ihnen helfen?
How are you?	Wie geht es Ihnen?
Where does it **hurt**? What sort of complaints do you have?	Wo tut es Ihnen weh? Was haben Sie für Beschwerden?
You can **leave** your personal things over there.	Ihre Sachen können sie dort ablegen.
Could you please show me your right/left **leg**?	Zeigen Sie mir bitte das rechte/linke Bein.
Please **lie** down.	Bitte legen Sie sich hin.
Would you like to **lie** higher or lower?	Möchten Sie höher oder tiefer liegen?
Please remain **lying**. You should not stand up again.	Bitte bleiben Sie liegen. Sie sollten nicht mehr aufstehen.
What is your **name**, please?	Wie ist Ihr Name?
If you need a bed **pan**, let me know.	Sollten Sie eine Pfanne (Flasche) benötigen, sagen Sie es mir bitte.

Would you like a **pillow**?	Möchten Sie ein Lagerungskissen?
Now I am going to take your **pulse** and measure your blood pressure.	Ich werde Ihnen jetzt den Puls und den Blutdruck messen.
Could you please **show** me your right/left leg?	Zeigen Sie mir bitte das rechte/linke Bein.
Could you turn onto your **side**, please?	Drehen Sie sich bitte auf die Seite.
Could you please **sit** down?	Bitte setzen Sie sich.
Can I see you **stomach**, please?	Machen Sie bitte den Bauch frei.
Could you please **strip** the waist?	Machen Sie bitte den Oberkörper frei.
Could you please **strip** from the waist down?	Machen Sie bitte den Unterkörper frei.
Could you please **take** off all your clothes?	Ziehen Sie sich bitte ganz aus.
I am going to give you a **tetanus** shot.	Ich werde Ihnen jetzt eine Tetanusimpfung verabreichen.
Could you please place the **thermometer** under your arm?	Bitte legen Sie das Thermometer unter den Arm.
Could you please insert the second **thermometer** with the foil in the anus?	Das 2. Thermometer führen Sie bitte mit der Folie in den After ein.
The **toilet** is directly opposite.	Die Toilette befindet sich gleich gegenüber.
Could you **turn** onto your side, please?	Drehen Sie sich bitte auf die Seite.

address	Adresse
alcohol	Alkohol
What do you eat **between** meals?	Was essen Sie zu den Zwischenmahlzeiten?
Do you eat regulary **between** meals?	Essen Sie regelmäßig Ihre Zwischenmahlzeiten?
blood sugar	Blutzucker
Since when have you had **blood** sugar?	Seit wann haben Sie Blutzucker?
blood sugar measuring apparatus	Blutzuckermeßgerät
blood sugar value	Blutzuckerwert
self-monitoring of **blood** sugar	Blutzuckerselbstkontrolle
Do you measure your **blood** sugar yourself?	Machen Sie Blutzuckerselbstkontrolle?
When do you measure your **blood** sugar?	Wann machen Sie Blutzuckerselbstkontrolle?
What do you have for **breakfast**?	Was essen Sie zum Frühstück?
Cal	Kcal
carbohydrate exchange	BE = Broteinheit
carbohydrates	Kohlenhydrate
12 **carbohydrate** are 1 carbohydrate exchange	12 Kohlenhydrate sind 1 BE
daily routine	Tagesprofil
consequentual **damages**	Folgeschäden
date of birth	Geburtsdatum
diabetes mellitus	Diabetes mellitus
consequences of **diabetes**	diabetische Folgeschäden

insulin dependent – type 1 **diabetic**	insulinabhängig – Typ I Diabetiker
not insulin dependent – type 2 **diabetic**	nicht insulinabhängig – Typ II Diabetiker
diabetic coma	diabetisches Koma
Have you attended a **diabetic** course?	Haben Sie schon eine Diabetikerschulung mitgemacht?
diet/food	Diät/Ernährung
What do you have for **dinner**?	Was essen Sie zum Abendessen?
eyes	Augen
fasting blood glucose	Nüchtern-Blutzucker
fat	Fett
feet	Füße
care of your **feet**	Fußpflege
food/diet	Ernährung/Diät
fruit	Obst
fruit juices	Obstsäfte
higher than normal levels of glucose (hyperglycaemia)	Überzucker
hyperglycaemia	Hyperglykämie
hypoglycaemia	Hypoglykämie
insulin	Insulin
Do you take **insulin**?	Spritzen Sie Insulin?
How much **insulin** do you take?	Wieviel Einheiten Insulin spritzen Sie?
insulin injection	Insulinspritzen
kidney	Niere
kJ	KJ

a **late** meal	Spätmahlzeit
lower than normal levels of glucose (hypoglycemia)	Unterzucker
What do you have for **lunch**?	Wie sieht Ihr Mittagessen aus?
metabolism disorder	Stoffwechselentgleisung
name	Name
nephropathy	Nephropathie
neuropathy	Neuropathie
neurotic desease	Nervenerkrankung
obesity	Adipositas
overweight	Übergewicht
pasta	Nudeln
potatoes	Kartoffeln
protein	Eiweiß
rice	Reis
self controls	Selbstkontrollen
How high is your **sugar** level?	Wie hoch ist Ihr Blutzucker?
tablets	Tabletten
Do you take any **tablets**?	Nehmen Sie Tabletten?
dip-and-read-**test** strip	Teststreifen
urine sugar	Urinzucker
Which **ward** are you in?	Auf welcher Station liegen Sie?

Try to lie as **calmly** as possible. Try not to move.	Bitte ruhig und entspannt liegen bleiben, nicht bewegen.
ECG	EKG
Have you been here before?	Waren Sie schon einmal bei uns?
Could you please **strip** the waist?	Bitte machen Sie Ihren Oberkörper frei.

throat **anaesthetic**: Please open your mouth as wide as possible ... please swallow.	Zur Rachenbetäubung: Bitte machen Sie den Mund weit auf ... bitte schlucken!
Please try to hold your **breath** during the examination.	Versuchen Sie bitte die Luft während der Untersuchung zu halten.
Please **breathe** through your nose and let your saliva dribble.	Bitte ruhig durch die Nase atmen und den Speichel laufen lassen.
Your GP will be sent the **diagnosis**.	Ihr Hausarzt bekommt den Befund zugeschickt.
Please wait here, the **doctor** would like a word with you.	Bitte bleiben Sie noch hier; der Arzt möchte mit Ihnen sprechen.
Please do not eat or **drink** anything for at least an hour.	Bitte mit dem Essen und Trinken eine Stunde warten.
Please wait an hour before you **eat** or drink anything.	Bitte mit dem Essen und Trinken eine Stunde warten.
ERCP	ERCP
After the **examination**: Could you please sit up and spit the rest of the saliva into the tissue.	Nach der Untersuchung: Bitte setzen Sie sich auf und spucken Sie den restlichen Speichel in den Zellstoff.
gastroscopy	Gastroskopie
Your **GP** will be sent the diagnosis.	Ihr Hausarzt bekommt den Befund zugeschickt.
Have you been here before?	Waren Sie schon einmal bei uns?
You are now free to go **home**.	Sie können jetzt nach Hause gehen.
Have you read and signed the **information** leaflet?	Haben Sie den Aufklärungsbogen durchgelesen und unterschrieben?
When we **insert** this apparatus, please try to swallow.	Beim Einführen des Gerätes: Bitte schlucken Sie.
Please **lie** on your left side.	Bitte legen Sie sich auf die linke Seite.

gastroscopy

Please open your **mouth** as wide as possible and chew on the mouth piece.	Bitte den Mund weit aufmachen und auf das Mundstück beißen.
After **sedation**: You will have to stay here for another hour. Can someone pick you up?	Bei Sedierung: Sie müssen noch eine Stunde bei uns bleiben. Können Sie abgeholt werden?

Could you please **lie** on your back?	Bitte legen Sie sich auf den Rücken.
Have you been here before?	Waren Sie schon einmal bei uns?
Could you please **strip** the waist?	Bitte machen Sie Ihren Oberkörper frei.

Can you **bear** this?	Ist es noch auszuhalten?
Could you please **breathe** deeply?	Bitte tief durchatmen.
Try to relax and to **breathe** calmly.	Versuchen Sie entspannt zu bleiben und ruhig durchzuatmen.
The diagnoses will be sent to your **GP**.	Ihr Hausarzt kriegt den Befund zugeschickt.
Please wait here, the **doctor** would like a word with you.	Bitte bleiben Sie noch hier; der Arzt möchte mit Ihnen sprechen.
Now we will begin the **examination**.	Nun beginnen wir mit der Untersuchung.
During the **examination**: As a result of the air supply you may have some painful wind.	Während der Untersuchung: Durch die Luftzufuhr entstehen schmerzende Blähungen.
Have you been here before?	Waren Sie schon einmal bei uns?
You are now free to go **home**.	Sie können jetzt nach Hause gehen.
Have you read and signed the **information** leaflet?	Haben Sie den Aufklärungsbogen durchgelesen und unterschrieben?
Have you drunk all the **laxative** tea?	Haben Sie den Abführtee getrunken?
Could you please **lean** your leg here?	Bitte stellen Sie die Beine an.
Could you **roll** onto your back, please?	Bitte drehen Sie sich auf den Rücken.
After **sedation**: You will have to stay here for another hour. Can someone pick you up?	Bei Sedierung: Sie müssen noch eine Stunde bei uns bleiben. Können Sie abgeholt werden?
You will get a **sedative** before the examination.	Vor der Untersuchung bekommen Sie eine Beruhigungsspritze.

coloscopy

We have to take some **blood**.	Wir müssen Ihnen jetzt Blut abnehmen.
We will take some **blood** from your finger.	Wir nehmen Ihnen am Finger Blut ab.
Can I have your finger, please? I have to take some **blood**.	Geben Sie mir bitte Ihre Hand, ich muß Ihnen am Finger Blut abnehmen.
This is a sugar solution. Can you please drink it now? You should then return here to have your **blood** taken in one to two hours. Please don't eat anything in the meantime.	Das ist eine Zuckerlösung, die Sie jetzt tinken sollten und dann in ein bzw. zwei Stunden wieder hier zum Blut abnehmen zurück kommen. Bitte in dieser Zeit nichts essen.
Please **clench** your fist.	Machen Sie bitte eine Faust.
Do you have to take the results/ **diagnosis** with you?	Müssen Sie die Befunde mitnehmen?
Now you will get a small prick in your **ear**/finger.	Jetzt gibt es einen kleinen Stich ins Ohr/am Finger.
The **examination** is over.	Die Untersuchung ist beendet.
Now you will get a small prick in your ear/**finger**.	Jetzt gibt es einen kleinen Stich ins Ohr/am Finger.
Could you please **hold** the swab?	Könnten Sie bitte diesen Tupfer festhalten?
laboratory	Labor
Please **press** here.	Drücken Sie bitte hier drauf.
Do you have to take the **results**/ diagnosis with you?	Müssen Sie die Befunde mitnehmen?
Please turn your head a little to the **side**.	Drehen Sie bitte Ihren Kopf etwas zur Seite.
Please pull up your **sleeve**.	Können Sie bitte Ihren Arm frei machen?

We will put a plaster on the **spot** shortly.	Wir machen Ihnen gleich noch ein Pflaster auf die Blutentnahmestelle.
Could you please hold the **swab**?	Könnten Sie bitte diesen Tupfer festhalten?
The **toilet** is next door.	Die Toilette ist nebenan.
You still have to give a **urine** sample.	Sie sollten noch Urin abgeben.
You have to collect **urine** over 24 hours. Keep the container away from direct sunlight. We will place a urine sample container in the hatch. Put it back there when you are ready.	In diesem Behälter sollten Sie 24 Stunden lang Urin sammeln. Den Behälter bitte lichtgeschützt aufbewahren. Einen Urinbecher stellen wir in die Durchreiche. Sie können den Becher dorthin wieder zurückstellen.

long term **ECG**	Langzeit EKG
Have you been here before?	Waren Sie schon einmal bei uns?
The **machine** has to remain on 24 hours a day.	Das Gerät muß 24 Stunden dran bleiben.
I'm afraid I have to rub your **skin** briskly to get good contact.	Ich muß die Haut etwas aufrauhen, damit guter Kontakt entsteht.
Could you please **strip** to the waist.	Bitte machen Sie Ihren Oberkörper frei.
Please be careful not to get the mashine **wet**.	Bitte achten Sie darauf, daß das Gerät nicht naß wird.

Do you have any **allergies**?	Besteht bei Ihnen eine Allergie?
Breathe in, hold your breath, breathe out.	Einatmen, nicht atmen, weiteratmen.
Plese lie as **calmly** as possible. Do not move. Put your hands above your head.	Bleiben Sie ganz ruhig liegen, bewegen Sie sich nicht mehr und nehmen die Arme nach oben unter den Kopf.
Please go to **cubicle** number 1.	Gehen Sie in Kabine Nr. 1
Could you please take off any jewellery, hair clips and **dentures**.	Schmuck bitte ausziehen, Haarklammern und Zahnprothese entfernen.
The **doctor** would like a word with you, please wait here.	Der Arzt will noch mit Ihnen sprechen, warten Sie bitte.
Could you please finish the **drink**?	Trinken Sie bitte den Becher leer.
Everything is **fine**. You can leave now.	Es ist alles in Ordnung. Sie dürfen gehen.
You are **finished** now and free to leave.	Sie sind fertig und dürfen gehen.
You can **get** up now, dress yourself and wait outside.	Sie dürfen wieder aufstehen und sich anziehen und draußen warten.
Good morning/afternoon. Have you already been x-rayed here?	Guten Tag. Waren Sie schon einmal bei uns zum Röntgen?
Could you please take off any jewellery, **hair** clips and dentures.	Schmuck bitte ausziehen, Haarklammern und Zahnprothese entfernen.
Do you have your **health** insurance card with you?	Haben Sie Ihre KV-Karte dabei?
Everything is all right. You can go **home** now.	Es ist alles in Ordnung. Sie dürfen gehen.

radiology

Could you please take off any **jewellery**, hair clips and dentures.	Schmuck bitte ausziehen, Haarklammern und Zahnprothese entfernen.
Please **lie** on your back.	Legen Sie sich mit dem Rücken auf den Tisch.
Are you **pregnant**?	Besteht bei Ihnen eine Schwangerschaft?
Please **sit** down.	Nehmen Sie bitte Platz.
Do you take any **tablets** for your thyroid?	Nehmen Sie Tabletten für die Schilddrüse?
Could you please go to the **toilet**?	Gehen Sie bitte auf die Toilette.
Please **turn** onto your left side.	Drehen Sie sich auf die linke Seite.
Please **turn** to the right and put your arms above your head.	Drehen Sie sich nach rechts und nehmen die Arme nach oben auf den Kopf.
Could you please rest the **upper** half of your body and keep your arms at your side?	Mit dem Oberkörper anlehnen und die Arme nach unten nehmen.
Could you strip the **waist**?	Machen Sie den Oberkörper frei.
x-ray	Röntgen
Have you been **x-rayed** in another hospital or practice?	Haben Sie in einem anderen Krankenhaus oder Röntgenpraxis Röntgenaufnahmen bekommen?

The **diagnosis** will be sent to your GP.	Ihr Hausarzt bekommt den Befund zugeschickt.
Please wait here, the **doctor** would like a word with you.	Bitte bleiben Sie noch hier. Der Arzt möchte noch mit Ihnen sprechen.
You can get **dressed** now.	Sie können sich wieder anziehen.
Please lie on your left side. We will give you an **enema**.	Bitte legen Sie sich auf die linke Seite, Sie bekommen jetzt einen Einlauf.
Try to hold the **enema** for about five minutes before going to the toilet.	Bitte den Einlauf ca. fünf Minuten anhalten und dann auf das WC gehen.
Have you been here before?	Waren Sie schon einmal bei uns?
You are now free to go **home**.	Sie können jetzt nach Hause gehen.
Have you read and signed the **information** leaflet?	Haben Sie den Aufklärungsbogen durchgelesen und unterschrieben?
Please **kneel** on the examination stool. Then bend forward. Be careful we are going to tilt the stool.	Bitte knien Sie auf den Untersuchungsstuhl, beugen Sie sich nach vorne. Vorsicht, wir kippen den Stuhl nach unten.
proctoskopy	Proktoskopie
Please try to **relax**.	Bitte entspannen Sie sich.
retinoscopy	Rektoskopie
Could you please **strip** from the waist down.	Bitte machen Sie sich unten herum frei.
Have you been to **toilet**?	Haben Sie abgeführt?

Could you please lie on your **back**?	Bitte legen Sie sich auf den Rücken.
Have you been here before?	Waren Sie schon einmal bei uns?
Can I see you **stomach**, please?	Bitte machen Sie den Bauch frei.
ultrasonographic	Sonographie